Fréderick AGANZE
Abigaël KAHINDO

UN INSTANT DANS MON ENFER

Fréderick AGANZE
Abigaël KAHINDO

# UN INSTANT DANS MON ENFER

ROMAN

Éditions Muse

**Imprint**
Any brand names and product names mentioned in this book are subject to trademark, brand or patent protection and are trademarks or registered trademarks of their respective holders. The use of brand names, product names, common names, trade names, product descriptions etc. even without a particular marking in this work is in no way to be construed to mean that such names may be regarded as unrestricted in respect of trademark and brand protection legislation and could thus be used by anyone.

Cover image: www.ingimage.com

Publisher:
Éditions Muse
is a trademark of
Dodo Books Indian Ocean Ltd. and OmniScriptum S.R.L publishing group

120 High Road, East Finchley, London, N2 9ED, United Kingdom
Str. Armeneasca 28/1, office 1, Chisinau MD-2012, Republic of Moldova, Europe
Printed at: see last page
**ISBN: 978-620-4-96396-9**

Fréderick Aganze

Collaboration : KAHINDO Abigaël

# Un instant dans mon Enfer

Roman

Une guerre sans nom

Cette perte entre mes doigts

***A la mémoire de mes frères et soeur tués...***

# Première partie

# 1

# Naissance

« On n'oublie jamais rien, on vit avec »

Hélène Segara

je vis cette histoire comme c'était hier...

Mardi 27 juin, Je respire un bon coup et je fais connaissance avec la vie. Il est 20h, dans une petite chambre aux murs rose à la maturité de l'hôpital de Mangurijipa à 100km de la ville de Palos à quelque kilometre du village de Julien paluku, Bibo , lorsque, coup de bol ! je vois le jour sous le signe du Lion. Il est temps, à quelques minutes près je suis vierge pour la vie ! Dans quelques minutes le soleil se lèvera sur ma tête et se couchera à un certain temps. Un Mardi merveilleux pour mon pauvre père, une douleur maternelle pour ma courageuse mère hier dormi fille aujourdhui elle se réveille maman. Ce Mardi du 27 juin 1995, il fait assez beau temps à la fois, un peu frais peut-être la nuit de ce jour même, le Courant toujours pas au rendez-vous dans ce village qui m'a vu naitre , il fait noir dans la ville près du village:  même si je ne pouvais pas distenguer le jour et la nuit, la joie et la peine pendant qu'on moment de douleur je pouvais crier enfin d'atture l'attention. Suis minuscule et fragile.

Maman pouvait me voir la regardé sans la voir, écouter sans l'entendre.

À ma naissance suis sorti tout seul, sans même pousser une seule fois. Alors quand la sage femme m'a récupéré, maman n'a pas compris de suite que qu'elle venait d'accoucher de l'enfant que qu'elle portait. Mais la sage femme l'a dit « tenez voici votre fillette «    et là, sur cette parole, sur ces mots forts, remplie d'émotion elle m'a attrapé et collé immédiatement à elle ! Comme ci je l'avait deja manqué.

– J'ai été bouleversée par ton regard, deux grandes perles noires, qui m'observaient attentivement. Cela m'a transpercé le coeur et je me suis découverte en tant que maman… un moment extraordinaire, que je ne pouvais pas imaginer avant de le vivre.

J'ai respiré ton odeur et elle est restée gravée dans ma mémoire olfactive pour toujours ! Je peux te reconnaître ma fille en la respirant … j'ai trouvé que la meilleure odeur du monde c'était celui de ton corps.

Avant de passer me déclarer à la mairie de cette petite ville Bubo au Nord-Est de Goma la ville province située à l'Est de RDC et d'annoncer au fonctionnaire de service de l'Etat civil mes prénoms : Isabelle un prénom à la mode et très Chéri par mon père, Masika mon numéro de famille Comme cela est coutume Chez nous, papa a laissé sur la table dans la chambre, Bien sûr ce n'est pas pour moi ! Mais plus tard le journal un peu jauni a été retrouvé dans le grenier de la maison où dernier était écris ces même noms.

Je n'ai que 2 ans, un soir après que mon père est revenu de son travail accompagnait par ma mère m'ont présenté dans le kyaghanda devant les sages du village de mon grand père et là que j'ai compris pourquoi mon numéro de famille masika: l'ainé de la famille. Au tours du feu, des belles histoires, coutume et culture Yira que je gardes pas trop. Mes souvenirs ne sont pas assez précis pour retrouver mes premières années. Autant le réconnaître ! Comment raconter les nombreuses vies de ma jeunesse, de l'époque où j'étais un petit loupiot à celle de mes vingt ans. J'ai dû en perdre en route et conserver des témoignages, l'évocation du quotidien et un juste de nostalgie.

# 2

# Premières Années

La rue où mes parents demeurent est calme. Autour il y a de coquettes villas aux toits rouges, des jardins, quelques champs au loin vers les Collins du Rwenzori, avec des bouquets d'arbres où ma mère, Eliane , et ma grand-mère maternelle, Ferdiane, me conduisent pour jouer le dimanche quelque fois, assis dans l'herbe. A deux pas il y a même une ferme, des boutiques d'alimentation un peu défraichies et vous vous en doutez bien des troquets. Le clocher de l'église catholique de Musienene prêt où le soleil est toujours au zenith pour nous rappeller qu'on s'approchrait de cette ligne équoitoriale passant par Musienene  ce qui se remarque de plus loin avec son Vieux arbre. Il est élancé jusqu'à en piquer le nuage. C'est là que j'ai été baptisé par un prêtre Belge on dirait il est resté après la colonization, j'avais réalisé qu'il pouvait avoir deux fois l'âge de mon père, certains enfants de mon âge aiment l'appeler notre grand-père et comme à cette fête de Noël nous allons appelé père Noël.

Nous sommes allés pendant les congés payés en vacances à Béni dont je n'ai aucun souvenir claire. En regardant plus tard des photos d'époque, je me vois jouant sur une plage avec comme légende « Isabelle à Béni ». Ces photos que papa a sans doute classées dans des albums, les questions posées à ma mère en les regardant droit dans les yeux, ses réponses quelques années après m'ont plongé au début de ma jeunesse, que je vais m'efforcer de reconstituer comme une chronique familiale et conter des réalité, des paysages et cochemars qui ne quittent pas mes songes. Ils réveillent en moi des morceaux de mémoire comme un coeur brisé à la fois, le souvenir de mon grand père paternel kidnappé par les rebelles venant des Collines voisine de notre petite ville tout prêt de leur village, ma mère morte pendant que je vivais l'enter loin d'elle. je pouvais saigner sans saigne pourtant je saignais quand maman m'informe que mon chéri n'est pas revenu à la maison il y a deux jours et que grand-mère, si dans trois grand père n'est pas revenu qu'elle viendrait habiter avec nous pour un temps, ce qui a été le cas.

De fois je demandes à mon père quand reviendras mon grand père, lui même j'ai l'impression qu'il n'est pas certain que son père n'est pas encore mort et que ses os ne sont pas encore servi comme un diner du lion dans le parc, Papa a des habits qu'il ne porte jamais de fois je me dis ces derniers doivent appartenir à mon grand- père Jimmy.

.

Le point de départ de cet itinéraire historique c'est donc une petite ville kivucienne appelée depuis des temps anciens « Muthembo» à côté de ce village où je suis né voir, où j'ai passé mes premières années et expulsé de force par mes parents par amour , puis la demeure de mes grands parents paternels à quelques lieux et des contrées diverses dans la campagne kivicienne où les fenêtres ouvertes laissaient pénétrer des parfums de fleurs mélangés à des senteurs de fumier. C'est dans ces endroits que se sont déroulées mes premières années au début d'une guerre. Ce sont avant tout les souvenirs de mes parents se mêlant aux miens qui ont éclairé ma lanterne.

M'ont-ils tout raconté avant leur mort au ces cousins m'ont - ils tout dit?

Pour eux c'était certainement une période difficile à vivre qui a dû se cicatriser lentement, pour moi c'était mes premiers pas dans la vie, une vie dans une zone cruelle pourtant pleine de douceurs à la fois. .

Parfois on va s'aérer les poumons au bon air chez les parents de mon père au village situé à quelques pas de notre ville malgré l'absence de mon grand-père. Chez eux c'est vraiment la campagne à quelques kilomètres de la ville Bubo , avec des bois, des chemins bordés de mûriers. Ce quartier de kabasha se nomme chez les bouchers mes grands-parents logent dans un petit pavillon bordé de bouquets d'arbres au fond d'un grand jardin.

A l'orée du petit potager il y a un grenuille et un coq qui s'égosille chaque matin. Un puits qui existe depuis belle lurette avec un couvercle en bois sous la margelle permet d'accéder à une petite futaie appartenant à la famille, on dirait ils y font les lois seul. vous n'avez besoin d'avoir une montre pour savoir quelle heure il est, même tard la nuit Monsieur le Coq s'en charge. Celui qui dit qu'il faut vous réveiller avant que madame la grenuille vous dise que c'est la première heure.

Mon père, Arnold, travaille dans un supermarché en ville où il est représentant de commerce, après avoir été à une autre époque dounier à Goma et ma mère est institutrice à l'une des écoles mixte de la commune. En effet notre ville à cet époque n'avait quelques dizaine d'écoles, l'une se nomme « l'école de doué tenue par les réligieux catholique » et l'autre « d'autres on dirait des écoles par les noms,» on pouvait voir les écoliers faire l'école buissoniere et enfin sortir avec la mention excellent.

Il paraît que j'étais de santé fragile tout au début, toujours maladive, peut-être à cause d'une mauvaise otite transformée en mastoïdite. J'ai un petit trou derrière l'oreille droit qui coule, c'est pour ça que j'ai toujours un bonnet sur ma tête on dirait ces garçons de nul part qui circulaient notre quartier, personne ne connaissait leurs adresses et plus souvent leurs visages toujours masqués. J'ai failli ne pas connaître la vie, a dit mon père un soir pendant que je courais prendre mon bonnet. Le docteur Mukanji, vient très souvent me rendre visite au 38, Av Béni dans la Commune de kimemi.

Mes journées ne sont pas très joyeuses car je n'ai ni petite ni grande sœur. Heureusement il y a un chien. De toute façon les « Loko », tout au long de ma jeunesse, seront présents dans le pavillon de mes parents, souvent des bâtards que ma mère recueille au coin d'une rue. C'était nos cerbères et je pouvais jouer avec eux après que ma mère les ait prévenu de ne pas me faire de mal. Ma grand-mère maternelle est tendre avec moi et c'est elle qui pousse mon landau le long de la rue de notre avenue. Mes autres grands-parents chez qui nous allons à vuhinga sont un peu différents. Mon grand-père maternel, donne quelques ordres tout en s'occupant de ses salades, parfois il a des coups de sang après je ne sais quoi et son épouse a une voix très douce lorsqu'elle me prend sur ses genoux. Ce que je peux dire c'est qu'ils me témoignaient tous une réelle affection.

Puis un jour de 2012 cela a été le début d'une guerre que personne n'attendait, surtout pas celui qui croyait que son père avait fait la « FM » en 2012, trop petit J'ai compris que venais directement où la disparution d'une personne comme mon grand père était considéré habituel, depuis des années nous saignons sans saigner pourtant nous saignions car personne ne nous écouter, que de fois les sages du village voisin disent que nous sommes un peuple sacrifié par je ne sais qui. Cette déclaration d'un soir que nos propres richesse sont payé au prix de nos sang. Mon grand-père par exemple est dans les oubliettes des services de renseignement et là on a eu l'impression que les choses venaient d'une autre manière : C'est bunagana qui est pris par les rebelles sous la barbe de l'armée.

Heureusement tout le monde était convaincu de l'invulnérabilité de l'armée congolais quoi que trop fultrée par toute l'afriqie de l'Est sans oublié le silence occidental.

- Les Rwandais ne pourraient pas franchir les Kivu jamais, nous savons qu'ils sont utilisé même pour porter ce chapeau de ces Etats qui nous massacres enfin d' avoir la richesse de notre pays.

Je crois mon père avait même trop minimusé cet armée dont à la tête un dictateur désperé, Paul kagame et ses aliés. Le Rwanda est un petit pays et pauvre qui vu aux merci de l'occident. L'Est de la RDC est vraiment leur viseur, un Rwanda qui revadique nos terres sans aucune raison.

- Moi je vous le dis ! disait papa.

Ce n'est pas pour ça que les hommes étaient in conscient, surtout les Jeunes, ne connaissant pas la réelle histoire de ce pays. Les jeunes ne partiraient pas comme en 14 pour faire une guerre « fraîche et joyeuse ». Le bonhomme d'en face, un certain kagame, avec sa taille  à la moustique était certain de visiter l'Est du pays de Lumumba avant le nouvel an, Beni, butembo, Lubero, masisi... En passant par Rutshuru/Bunagana vers Goma!

Forcément mon père a été mobilisé, motivé par la vageance de la disparition de son père depuis des années, Il devait être vachement content papa quand il a suivi ce revu de presse matinal et Rien que deux jours plus tard il a reçu une belle lettre où était mentionné « Rappelé à l'activité par décret de mobilisation générale en date du 05 Octobre 2012, affecté au dépôt d'infanterie 74». Mon père a décidé défendre sa pattie. Quand il est parti, ma pauvre mère pleurait ! Il lui a affirmé comme les autres qu'il allait revenir bientôt car un dénommé Mamandu avait écrit qu'on allait moucher les rebelles en deux coups de cuillère à pot. Personne ne voulait pas dire que les massacres du kivu son organisé par le Rwanda et ses aliés, les femmes violées sans un mot du droit de l'homme, les ADF qui sont de vrai bouchers ont fait une boucherie d'hommes dans nos villages et brilent nos maisons, écoles, églises, Marché... La communauté internationalle devenu calme, silencieux comme le silence dans nos cimetieres « Nous vaincrons parce que nous sommes les plus forts et aucun centimetres de notre partie ne sera occupé par ce génocideur» avait proclamé ce dernier en Octobre 2012. Ce soldat devenu populaire avait un peu rassuré maman j'avais comme impression.

Les enfants des écoles furent évacués dès Octobre, moi je suis resté avec ma maman car j'étais un tout petit loupiot de deux ans et quelques mois, je ne gardes pas les souvenirs claire.

Maman avait toujours mon questionnaire, elle devait me garder et garder mon questionnaire en tête:

- Maman, où il est papa ?

- Il va bientôt revenir ! Avais toujours dit ma mère.

- Mais, il est où exactement maintenant ? Dans son dernier message télèphonique il m'annonçait qu'il était du côté du Parc de Viruga non loin de la ville de goma sur la direction probable du rebelle.

- Mon pauvre petit gars, ajoute-t-elle.

C'est chaque jour pour ma mère la fiévreuse attente du facteur.

- Maman, tu as quoi?

Une larme roule sur ses joues et je vais me blottir contre elle. Je suis à quelques semaines de mes trois ans. Il m'arrive dans les journées qui suivent de pleurer, comme ça, pour rien. Il est certain que je n'étais pas le seul car ma mère et mes grands-parents s'émouvaient à cette époque de voir mon père parti je ne sais où sans espoir alors que mon grand père restait sans suite. Ils n'ont plus de nouvelles. Il est peut-être du côté de la Frontière Congolo-Rwandaise ou dans le Parc comme l'avait indiqué Papa lui même. Pendant que je dors ils doivent pleurer eux aussi comme des ânes. Ils ne savent même pas où envoyer les colis ! Alors ça sent l'agonie de notre vaillante armée Congolaise quoi viltré!

Les blessures dans mon cœur ne peuvent se cicatriser de toute façon que si mon grand-père, papa revient à la maison ! Les années de guerre sont bien dures même lorsqu'on est très loin des batailles ! J'ai trois ans je vois la guerre prendre une autre couleur, une autre dimension, des tueries à la machette, hanche... dans le village de mon grand-père et personne ne nous vient en aider je ne sais pas même s'ils nous croient au alors s'ils nous ont sacrifié comme le disent les sages. Notre Kyaghanda a pris feu c'est la communauté Yira visée c'est calme à la fois, c'est une guerre ou un avant guerre en réalité. Je suis blond et j'ai les yeux rieurs et bleu. De l'autre côté dans le territoire voisin du village de mon grand père C'est vraiment la guerre avec ses couleurs et les bombes qui se font entendre viennent de là.

Mon père est quelque part et l'on me dit, comme si je comprenais quelque chose à ces histoires de grands, que notre armée finirait bien par vaincre l'ennemi et que papa reviendra bientôt et ramèner le grand père ! La guerre avec les Rwandais deguisé en M23, Adef et bien plus est une réalité. L'armée est malheureusement un troupeau «

sans foi, sans discipline, qu'on mène à la boucherie par les hasards de la route ». C'est la débâcle totale!

D'ailleurs Chez nous on ne dit plus les ADF mais « les Bouchers ». Un certain temps on a eu l'impression que la guerre s'est terminée. Avant que nous comprenions que c'est juste un jeu politique, un acalmie au stylon vert. On disait aussi que les kenya, ougandais qui font partie de l « Armée régionnalle actuellement » s'étaient mis du côté des Rwanda car l'occident avait fait un pacte avec eux. L'armistice fut signé par un vieux autorité qui était président de notre pays à l'époque et héros de l'autre guerre on l'avait sur nommé un guerrier à stylon vert et ce dictateur désperé qui porte le chapeau des geants aux costume noir et cravatte Rouge teinté du sang des innocent. Il avait l'air d'un Homme bien, silencieux et travailleur avec sa belle barbe à la teinture Blanche. Les autres qui étaient membres du gouvernement ont pris la poudre d'escampette sauf un Général qui a dit non à l'armistice, mais cela est une autre histoire. Les anciens conservent un souvenir chaleureux de ce vieux monsieur.

- C'est un brave homme, disent.

- il est enfant du pays et il va nous sortir du pétrin comme il l'a fait au Maréchard.

C'est une drôle de paix ! Le putain brave homme a obtenu lors de l'armistice que le pays de Lumumba soit coupée en deux comme le souda de nos jours, le village de mes grand parents, ma ville... seront du mauvais côté, Ça pouvait se sentir et je comprends sans comprendre pourquoi Papa a été su motivé d'aller à la guerre contre personne pourtant je n'avais que deux ans.

Un soir, ma maman n'est pas revenu à la maison, j'avais vraiment la peur au ventre avant de voir ma grand mère qui habitait avec nous depuis un certain temps revenir ce soir abattu avec un petit sourir au levre.

- Grand mère, grand mère dis moi que maman est parti prendre Papa !

- Non, chérie Papa revient bientôt.

- Mais Grand mère maman, Elle est où ? Ne me dis pas alors qu'elle a été tué comme la mère de Chantal, nous avons vu sa tête à côté de son corps détaché comme une chevre à l'abatoire.

J'avais compris que la grand-mère n'avait pas encore compris que les informations du médias dans notre pays en grande partie sont instrumentalisés, on ne cesse de nous dire Bonne nuit pendant qu'il y a toujours des bals sur les toits de nos maisons. J'ai toujours cru que cela n'est qu'une hypocrisie de nos politiciens corrompus.

- Grand mère, tu me dis aucun mot ?

- Non chérie, je ne comprends pas ce que tu dis. Tu veux dire la mère à Chantal est morte avant moi?

Pourtant elle n'a jamais tombé malade comme moi qui est tout le temps ami à mon fameux Amlox 10mg depuis que mon mari est parti ? Ces bouchers!

- Grand mère, j'ai vu la police prendre la mère à Chantal coupé en parties, elle et beaucoup d'autres ont été enterrés ensemble! Alors dis moi où est ma maman!

- Chérie, tu as un petit frère, ta mère a accouché...

- surpris, je m'y attendais le moins mais après une longue discussion ma grand-mère m'a fait comprendre que mon père est partie laissant enceinte ma maman.

- Un frère, je crois il est beau et gentil comme mon pauvre Papa.

Une joie pourtant pour une naissance mais j'ai vu le visage de ma grand-mère signifie autre que la joie,

# 3

## Les années d'ocupation

L'affolement et le rumeur font fuir sur les routes une grande partie de la population bubolaise. Il faut partir vers le Sud ou l'Ouest, comme tout le monde. Mais pourquoi quitter la maison alors que le bubo ne parait pas menacé et où l'on n'a pas encore vu ces bouchers ?

Pour maman nous devons aller à Goma Chez notre Oncle paternel avant que les rebelles ne nous coupent la route sur la RN2 vers Rutshuru comme ils occupaient déjà Bunagana et d'autre villages, nous devons fuir les bouchers avant ses frères M23 ne nous coinsent, Goma où nous seront en sécurité. Les bouchers ne peuvent pas arriver dans une grande ville comme Goma avait affirmé maman. Maman n'a pas su convaincre la grand mère malheureusement, pour moi c'est une joie de faire connaissance à l'oncle Jacques ma première fois même un voyage, mais j'avais aussi une peur à la fois quand maman m'a fait savoir que nous prendrons la RN2 bubo, musienene, kimbulu, lumbero, kichumburo, kirumba, kayina, kanyabayonga, tranverserons le Parc où papa nous avait dit être à la poursuite du rebelle avant de deboucher sur Kiwanja, Rutshuru et enfin descendre sur Goma. J'avais voulu changé d'avis avant de comprendre que maman n'avais pas en réalité besoin d'aller à Goma mais qu'elle voulait présenté mon petit frère à l'oncle enfin qu'il confirme son numéro de famille à la place de Papa qui n'a pas proposé aucun prenom comme lors de ma naissance, c'est maman qui a un prenom qui la passe par la tête: Teddy.

Le lendemain Matin, maman m'avait fait savoir qu'elle prennait en compte mes propos et qu'on devrait prendre le vol plutôt que la RN2 apparament elle était informé que les rebelles du M23 eux aussi gagnaient l'espace et que donc c'était possible de fuire ces bouchers ici pour tomber dans les mains de ces rebelles veinimeux sur la RN2. Soudainnement, c'est la grand mère qui dit non. Pour la grand-mère un bébé même ne devra pas voyage dans l'avion et que donc si nous tenons à partir nous devons déjà reservé notre billet à l'agence Kivu express enfin de prendre la première place dans la première voiture matianale.

Dès la porte de la ville bubo, un poste-payage route pour dire bienvenu aux nouveaux dans la ville et au revoir aux voyageurs, on changeait de monde Carte à la main pour vérification identité sans oublié quelques billets à deposer par notre chauffeur à l'agent avant de nous lever la petite barcade. L'accent bubolais laissait place peu à peu l'accent Gomatracien j'avais l'impression que c'était trop tôt penser à Goma, pour la vraie guerre C'est dans le parc car pour moi les bouchers doivent être en grands nombre dans le parc à côté de leurs frères Rwandais deguisés en M23. Nous avons franchis la minie-barrière pour prendre la route musienne sur cette RN2.

A notre approche de la barrière de lubero je vois le monde se passe des billet de Banque, chaque personne demandait déjà passage comme s'elle voulait sauter de la voiture. Sur place une grande foule sur la route. Dans cette foule turbulente, les gens sympathisaient, s'interpellaient, s'invectivaient comme dans une foire au bétail. Des gosses bruyants et crasseux lorgnaient les rétroviseurs, les essuie-glaces et les jantes salies par les éclaboussures de flaques d'eau stagnante, des chèvres se proposaient en brochettes pour quelques brouettes d'argent, des filles-mères slalomaient entreles files de camions de marchandises et de minibus collés pare-chocs contre pare-chocs pour vendre à la sauvette des œufs durs à tremper dans du gros sel et des arachides pimentées en sachet, les fruits de tout genre, des cobayes proposaient en brochette, débout sur le capot de sa Mercedes bringuebalante, annonçait à tue-tête l'imminence de la fin des temps avec, à la main, une bible en swahili reliée en cuir de python royal. Dans la guérite rouillée, un soldat assoupi agitait mollement un chasse-mouches. Les effluves de gasoil mêlés à l'air chaud asséchaient le gosier du fonctionnaire, non payé depuis des lustres.

Sur les routes, d'immenses cratères formés à l'endroit d'anciens nids-de-poule malmenaient les voitures. Mais cela n'empêchait nullement ces agent public d'inspecter méticuleusement chacune d'elles en vérifiant l'adhérence des pneus, le niveau d'eau dans le moteur, le bon fonctionnement des clignotants. Si le véhicule ne révélait aucune des défaillances espérées, le agents que je ne connaissais même pas le service exigaient un livret de baptême ou de première communion pour continuer le voyage malgré quelques sous leur filés par notre chauffeur, on aura tout vu dans ce pays de Lumumba très très démocratique.

Cet avant-midi-là, de guerre lasse, le chauffeur a fini par donner le pot-de-vin qu'appelaient toutes ces manœuvres grotesques. La barrière s'est enfin soulevée et nous avons poursuivi notre chemin dans la fumée que dégageaient les sources d'eau chaude au bord de la route et ce bruit. Entre le lubero et kanyabayonga où nous avions attendu le convois pour transverser le parc, nous nous sommes arrêtés dans des gargotes pour acheter des beignets à la banane et des cornets de termites frits...ces arrets à coup du soufle.

Après avoir manqué d'écraser une multitude de singes dans le Parc et quelques coq vers kibumba sans parlé des enfants qui sautaient de la route voyant l'allure de notre voiture nous sommes descendu sur cette ville assise aux pieds d'une chaine de volcan son voisin éternel qui a fait le pavement de la ville en 2002 par ses pierres du feu. Dans notre descente je vois de l'autre côté une gouche une pleine toute vide avec avec avions à son sein : C'est l'aeroport international de Goma à quelques pas du petit Rwanda voisin comme dis un jeune homme assis à côté de moi et Un peu loin vers le bas c' est le lac kivu. A ma droite je vois un montagne rouge comme du piment au sommet: C'est le volcan Nyiragongo le plus actif de tous, donc le chef qui fait les lois et quand il veut chasser ses voisins il brile tous à son passege que même le lion a peur de lui.

Dans la ville touristique Chez Rachel ma cousine, la table était dressée, prête à nous acceuillir. Le fretin (sambaza) commandelé fraîchement arrivées de kituku, issu des eaux du lac kivu.

Table servie, après une courte prière de la cousine Rachel « bienvenu chez vous et entre temps ma fille parles moi de votre voyage » m'avez directement la parole le père à Rachel qui est mon Oncle toute en souciant legerement.

## 4

## Une guerre sans nom

Mardi 20 novembre 2012, Contrairement aux jours précédents, ni les orages ni les tirs à l'arme lourde comme dans certains territoire ne sont venus déchirer l'épais silence de Goma dans la nuit de mardi. Un calme surprenant au terme une longue journée. Dès le lever du soleil, une atmosphère d'explication finale flottait sur la ville. Et en quelques heures à peine, les rebelles du Mouvement du 23 Mars (M23), qui menaçaient de conquérir la capitale provinciale du Nord-Kivu depuis des jours, ont mis en déroute les soldats de l'armée congolaise. l'ennemi trouve une ville emportée dans l'ambillance des officiers congolais laissant ce silence aux lignes de fronds. À cette heure, l'armée rwandaise, bien équipée, postée de l'autre coté de la frontière à raison d'un homme tous les dix mètres, observait la scène dans le silence et la concentration. Quant à l'armée du M23, composée de rebelles taiseux et visiblement très organisés, bottes en caoutchouc aux pieds et uniformes parfois dépareillés sur le dos, elle a profité du vide laissé par les FARDC pour s'installer du côté congolais sans tirer un coup de feu, d'après des témoins. Une heure plus tard, elle occupait déjà les berges du lac Kivu, au sud de la ville.

Peu après, un imposant convoi de la rébellion composé de cinq véhicules et de plus d'une centaine d'hommes pénétrait dans les rues de Goma. Puis un défilé était organisé en présence du porte-parole du mouvement, Vianney Kazarama, sur les larges avenues de Goma, et sous les acclamations de dizaines de personnes rassemblées pour l'occasion. Des informations contradictoires circulaient, en revanche, sur la particpation au convoi de Sultani Makenga, le chef militaire des rebelles.

Leurs compagnies s'installent dans la ville, les soldats vont s'établir dans des écoles, hôtels et du bords du lac, les entrées dans la ville.Les officiers eux, réquisitionnent quelques belles villas. La commune est maintenant administrée par un homme bien connu de la population, les hommes de l'homme de la ville qui on ne savait pas il était au service de qui lui aussi, qui ses origines sont du pays Voisin le Rwanda de kagame. Ces rebelles du M23 ont pris le contrôle de la ville de Goma ce mardi 20 novembre dans la matinée. Des témoins sur place indiquaient que les FARDC ont quitté la ville et pris la direction de Sake, 27 km plus loin, après avoir résisté aux rebelles. Ces derniers contrôlent les lieux stratégiques de la ville notamment l'aéroport, où stationnent encore les casques bleus de la Monusco, ainsi que le mont Goma qui abrite la Radio télévision nationale congolaise.

Je ne savais rien du tout au claire, jusqu'au moment où J'avais entendu l'oncle nous appelé à table pourtant pas l'heure habituelle pour notre diner en famille, mais c'était Ça l'information et que donc nous devrions rester dans la maison.

- Avant que l'oncle ne finissent j'avais demandé si nous partirons plus à l'eglise dans sa Toyota Noah.

- Ma chérie, pour le moment non nous devons prière tous ici et lire notre Bible C'est la nouvelle regle dès maintenant jusqu'à nouvel ordre.

Des tirs étaient entendus au loin de la ville de Goma vers 12 heures locals mais moi J'ai cru que c'était encore le 40voleurs.

- Non chérie, Il s'agirait des troupes FARDC qui continuaient de pilonner certains quartiers de la ville selon l'information sur la radio. Tu vois que tu Suis pas les informations à la radio?

Dans les quartiers, les habitants de Goma affirment que les rebelles du M23 leur ont demandé de vaquer normalement à leurs occupations. Tous enfants Comme adultes on étaient très déçu,nous avons eu Un sentiment partagé, le sentiment d'être trahis par le gouvernement. « Je ne pensais pas que le M23 pourrait arriver à prendre le contrôle de notre ville », a confié un voisin confinait dans entre quatres murs de sa parcelle.Des rebelles arpentent les principales artères de la ville notamment le boulevard Kanyamuhanga en passant par le Rond point BDGL, je n'avais même pas compris pourquoi la MONUSCO car maman m'avait dit que ce sont eux qui nous protégerons si seulement notre armé debordé. Pour moi ces soldats des Nations Unies étaient de vrais touristes dans une ville touristique, vraiment c'était bien choisi pour eux pour faire le tourisme dans une ville assise aux pieds de cette chaines de montagnes volcanique, respirant l'air du parc de Virunga et le lac kivu.

Neamoins d'autres témoins rapportent que les casques bleus de la Monusco sont aussi visibles dans certains « coins stratégiques » de la ville notamment à l'aéroport alors que les rebelles envisageraient d'avancer vers Saké où se sont regroupés les FARDC. C'est de cette cité que les militaires congolais tentent de s'organiser pour reprendre la ville de Goma, assurent certaines sources militaries qu'on ne pouvait que écouter dans des médias.

J'avais maintenant 5 ans de plus que l'âge de mon petit frère lui qui n'avait que 4ans et une semaine de moins que mon âge, dans les mains de maman je l'avais vu pleuré que j'avais demandé à maman si mon petit frère comprenait que sommes en guerre au alors s'il avait peur de mourir.

- Non ma fille, lui c'est un ange il ne sait rien de tout Ça comme toi aussi, les enfants ne se melent pas de la politique. Ton frère n'a que quelques semaines comme veux- tu déjà qu'il puisse savoir le bombardement, il doit être fatigue du voyage lui aussi.

- j'avais demandé à maman quand on allait rentre pour voir grand-mère surtout que moi j'avais réalisé que maman m'avait vraiment trompé que ces rebelles ne peuvent pas arriver à Goma.La ville avait un nouveau chef, un nouveau commandement pour des nouveaux ordres pas comme Chez nous à bubo où je pouvais aller jouer avec ma cousine kahindo. En juillet, les rebelles prennent le contrôle de Bunagana et de Rutshuru, avançant jusqu'à Kibumba en moins de deux semaines. Une trêve de quatre mois plus tard, les hostilités reprennent le 15 novembre. En cinq jours, ils gagnent Goma pendant j'avais été convaincu qu'ils ne peuvent arriver dans la ville avant d'être supris ce jours là et forcent l'armée congolaise à se replier sur Saké pendant que les casques bleus restent cantonnés dans leurs camps et à l'aéroport. Tout ça ne veut vraiment rien dire pour le pays de Lumumba? À la mi-journée, le 20 novembre, le chef militaire du M23, Sultani Makenga, pavoise dans les rues de la ville comme dans sa propre chambre. Il pouvait dire qusnd dormir et quand se réveiller dans cette ville d'un pays très très démocratique. Les voleurs, foux par exemple avaient disparu dans la ville car le nouveau faiseur des lois avait déjà une loi nouvelle pour eux: mourir et le reste de la population pouvait se déplacé en respectant les ordres du nouveau homme fort.

Le soir du 20 novembre 2012, Au cours d'une adresse à la nation ce mardi à Kinshasa, le président congolais Joseph Kabila a demandé au peuple et à toutes les institutions du pays de se mobiliser « contre l'agression dont la RDC est victime notamment à Goma ».il avait continué en déclrant « La RDC est confrontée à une situation difficile », a déclaré le chef de l'Etat, ajoutant que « quand une guerre est imposée, on a l'obligation de résister ».Il a annoncé, par ailleurs, que l'ambassadeur de RDC au Rwanda avait déjà été rappelé en consultation à Kinshasa depuis plusieurs semaines. Pendant ce temps La présence de plusieurs corps de soldats des Forces armées de RDC (FARDC), toujours abandonnés sur le bas côté en fin de journée, témoignait du fait que certains militaires ont tenté coûte que coûte de défendre la ville, laquelle n'était pas tombée aux mains de rebelles depuis 1998. À l'exception des patrouilles de la Monusco et du M23, qui ont débuté leur étrange cohabitation (voir ci contre, des rebelles du M23 sous l'œil de Casques bleus de la Monusco dans un mirador, © Pierre Boisselet/J.A.), peu de véhicules circulaient en fin de journée.

Des civils, assez nombreux et encore sous le choc, se déplaçaient en revanche sur les trottoirs à la tombée de la nuit. Ni exaltés, ni affolés. Soulagés sans doute de la fin des combats. Mais s'interrogeant, aussi, sur leur avenir dans une ville désormais sous administration du M23.

Aussitôt après son allocution, Joseph Kabila, s'est rendu à Kampala où il doit discuter de la situation dans l'Est de la RDC avec Yoweri Museveni, président de l'Ouganda et président de la Conférence internationale de la région des Grands Lacs (CIRGL) en ce moment.

Sur les réseaux sociaux on pouvait lire : « ils ont profité de la trahison de nos autorité, ce qu'ils veulent, c'est prendre une partie du Congo et le balkaniser. Nous disons Non», nous savons qui vous etez. En même temps on pouvait lire sur le tweeter Human Rights Watch : Certaines autorités rwandaises pourraient être considérées comme complices de crimes de guerre en raison de l'appui militaire continu qu'elles apportent aux forces du M23, a ajouté Human Rights Watch. L'armée rwandaise a déployé ses troupes dans l'est de la RD Congo pour appuyer directement les rebelles du M23 dans des opérations militaires.

Human Rights Watch a basé ses affirmations sur des entretiens, menés de mai à septembre, avec 190 personnes : des victimes congolaises et rwandaises, des membres des familles de victimes, des témoins, des autorités locales, ainsi que des combattants et anciens combattants du M23.

« Les rebelles du M23 sont en train de commettre une horrible série de nouvelles atrocités dans l'est de la RD Congo », a déclaré Anneke Van Woudenberg, chercheuse senior à la division Afrique de Human Rights Watch. « Les commandants du M23 devraient être contraints de rendre des comptes pour ces crimes, et les autorités rwandaises qui soutiennent les commandants responsables d'exactions pourraient être traduites en justice pour complicité de ces crimes.»

Le M23 est un groupe armé composé de militaires qui ont participé à une mutinerie dans les rangs de l'armée nationale congolaise en avril et mai 2012. Les chefs les plus gradés de ce groupe ont la réputation bien établie d'avoir commis de graves violations des droits humains à l'égard de civils. En juin, la Haut-commissaire des Nations Unies aux droits de l'homme, Navi Pillay, a désigné cinq des dirigeants du M23 comme étant « parmi les pires auteurs de violations des droits humains en RDC, voire même dans le monde ». Parmi eux se trouvent le général Bosco Ntaganda, qui fait l'objet de deux mandats d'arrêt de la Cour pénale internationale (CPI) pour crimes de guerre et crimes contre l'humanité commis dans le district d'Ituri, et le colonel Sultani Makenga, qui est impliqué dans le recrutement d'enfants et dans plusieurs massacres dans l'est de la RD Congo.

Se basant sur ses propres recherches, Human Rights Watch a documenté le recrutement de force par les rebelles du M23 d'au moins 137 jeunes hommes et garçons dans le territoire de Rutshuru, dans l'est de la RD Congo, depuis juillet. La plupart ont été enlevés à leur domicile, au marché ou alors qu'ils se rendaient à leurs champs. Au moins sept d'entre eux avaient moins de 15 ans.

Des témoins ont affirmé à Human Rights Watch qu'au moins 33 nouvelles recrues et d'autres combattants du M23 avaient été sommairement exécutés alors qu'ils essayaient de s'enfuir. Certains ont été ligotés et abattus devant les autres recrues à titre d'avertissement.

L'une des jeunes recrues a déclaré à Human Rights Watch: « Quand nous étions avec le M23, ils nous ont dit [que nous avions le choix] entre rester avec eux ou mourir. Beaucoup ont tenté de s'enfuir. Certains ont été retrouvés et pour eux, cela a été la mort immédiate. »

Depuis juin, les combattants du M23 ont tué de sang froid au moins 15 civils dans des zones qu'ils contrôlent, parfois parce qu'ils les soupçonnaient de leur être hostiles, a affirmé Human Rights Watch. Les combattants ont également violé au moins 46 femmes et filles. La plus jeune victime de ces viols avait 8 ans. Des combattants du M23 ont tué par balles une jeune femme de 25 ans enceinte de trois mois, parce qu'elle résistait à une tentative de viol. Deux autres femmes sont mortes des blessures reçues lorsqu'elles ont été violées par des combattants du M23.

Les rebelles du M23 ont fait subir aux civils des sévices d'une terrible brutalité, a indiqué Human Rights Watch. Juste après minuit le 7 juillet, des combattants du M23 ont attaqué une famille dans le village de Chengerero. Une femme de 32 ans a raconté à Human Rights Watch que les rebelles avaient défoncé la porte de son habitation, battu à mort son fils de 15 ans et enlevé son mari. Avant de partir, les rebelles l'ont violée collectivement, ont répandu du carburant entre ses jambes et mis le feu au carburant.

Un voisin est venu au secours de cette femme après le départ des combattants du M23. On ignore ce qu'il est advenu de son mari.

Des autorités locales, des chefs coutumiers, des journalistes, des défenseurs des droits humains et d'autres personnes qui se sont élevés contre les violations commises par le M23 – ou qui sont connus pour avoir dénoncé les abus perpétrés auparavant par les commandants rebelles – ont été pris pour cible. Beaucoup ont reçu des menaces de mort et se sont enfuis vers les zones contrôlées par le gouvernement congolais.

J'avais finalement lu la peur dans les yeux de ma pauvre après qu'elle avait elle aussi lu comme notre Oncle ce rapport, qui selon l'oncle il y avait beaucoup d'autres organisations qui avaient rapporté de ces rebelles pure que les bouchers de Chez nous à bubo. Je crois c'était plus sage pour oncle n'est nous lire ça tout le monde dans la maison nous avons finalement eu très peur de ces rebelles qui se veulent bienveillance.

Ma mère accompagnée de ma tante, Joyce, qui venait nous rendre visite chez l'oncle paternel, à son retour elle m'avait annoncé qu'on devrait quitter chez l'oncle pour hibaiter ailleur pour des raisons que je pouvais pas savoir mais que c'était pour notre bien tous. chez une sœur de grand-mère où il était convenu que papa, qui doit sans doute être prisonnier des boches nous retrouverait lorsqu'il serait démobilisé ! Pour partir ça n'a pas été facile la peur au ventre, les bus rare sur la route sake. Je ne sais pas comment ma pauvre mère a fait pour emmener un bambin et son bébé mon petit frère, prendre le bus pour l'autre bout de la ville.

Ce lendemain matin prendre le bus n'a pas été une rigolade ! Il était bondé j'avais comme impression que c'est tout le monde qui voulait quitter dans le centre ville pour les quartiers perferiques de la ville, mais hardie comme pas deux, ma pauvre mère à coup de coudes a eu enfin la possibilité d'atteindre ce bus du Trans-ville. Grâce à moi sans doute, m'a dit maman, un homme qui travaillait semble-t-il à l'arret bus est arrivé à nous faire monter dans un wagon ! Il faut dire, m'a-t-elle dit plus tard, que les bus étaient bourrées d'évacués haricots venant souvent du nord de la ville dans le territoire de Rutshuru car le camion dont il amenait ces haricots dans la ville avait été bombardée par les rebelles sur la route Rutshuru-Goma et que par chance leur bus de sécour avait été épargné. Il ne fallait pas compter sur la moindre aide. Après plusieurs minutes d'attente nous sommes partis enfin. Nous avions faim et soif alors qu'on venait de descendre le bus et qu'il nous fallait parcourir quelques avenues avant d'avoir Chez la tante Joyce, alors maman nous a donné des gâteaux qu'elle avait au fond d'un grand sac et de l'eau tiède mise dans une gourde qui, vu sa forme avait été dénichée sans doute il y bien longtemps lors de notre voyage ! Nous étions presque arrivés. Après quelques kilomètres de marche à pied, mon petit frère au dos de Maman et moi je trainais en suivant ses pas, nous n'avons pas eu de mal à trouver la maison de la sœur de grandmère, j'avais plutôt compris que maman ne voulait me dire qu'on allait pas exactement Chez tante mais chez cette soeur de grandmère. Les parents de mon père eux ne bougeront pas de Goma. Mon grand-père qui n'est pas en bonne santé a proféré d'une voix ferme – Je les attends les criminels,nous avons défendu le Zaïre de Mobutu qui ils sont eux pour nous defier maintenant . Il a quand même caché ses tromblons et son pistolet d'ordonnance derrière le bosquet de lilas, on ne sait jamais, je préfère rester sur mes gardes!

On est resté cinq jours. Comme mon père n'était pas là, ma pauvre maman a décidé d'aller chez une autre tante. Il faut dire que ma mère à une sœur jumelle comme on les appelait. Avant de déguerpir plus loin elle a reçu d'elle une lettre où il est question qu'elle parte avec sa fille dans un village vers l'Ouest. Je n'ai pas retenu la suite, même si la sœur de ma mère est ma marraine et sa fille, Eliane, ma cousine. J'ai entendu qu'elle allait avoir un bébé, mais j'étais trop occupé à retrouver le sac de billes que papa m'a donné avant de partir. Comme du côté de maman on ne compte plus les tontons et les tantines car ma grand-mère maternelle est issue d'une tribu de 15 enfants on peut se déplacer partout dans le nord de la Goma et ailleurs, une porte sera toujours ouverte. Nous sommes donc allés chez la tante Willermine, Je me souviens vaguement d'une grande cour de sa parcelle a vu du lac kivu et de la forêt proche, même si maman j'avais interdit de visiter le lac vu le Gaz metal du kivu non exploiter. Il y a là une petite partie reserve aux jeux et là je m'etais fait des copains avec qui malgré tout nous on pouvait jouer au jeu de cache-cache avant que le soir ne tombe où maman devrait nous faire le jeu de mots.

On a l'âge avec mes copains d'aller à l'école. Le nouveau homme fort de la ville a tout fouti à l'air même mes copains certains qui etudient déjà ils ne peuvent pas aller suivre les cours c'est confinement dans la ville, où tous nos jeux étaient devenu une partie de nous que nous avons été tous obligé aimé avant que cet après-Midi du Jeudi l'un de mes copain disais à maman:

– J'ai vraiment aimé que la guerre a fait que tu nous amene cette copaine je crois la guerre va continues pour profiter de notre temps.

– Arretes moi tes conneries, ne dit pas ça ! J'aurai dû dire sans doute la même chose mais tu dois vraiment comprendre que la guerre C'est la mort elle même.

– La mort?

– Je n'affectionne pas trop la soupe, en langage d'instit. C'est vrai que ma mère est institutrice et la tante Joyce travaille à la poste. Bon ! J'aime mieux le lapin ou la poule, bien que je n'apprécie pas trop quand on leur arrache la peau ou les plumes, alors je n'ai plus faim. Mais il paraît qu'il vaut mieux être ici qu'à Bubo, dit Joyce à maman. Brusquement, la peur et la nervosité sont dans l'air. Depuis des mois que nous vivons à l'abri des grands arbres de la forêt, ma mère finit par oublier ses anciennes angoisses. Les boches arrivent. Il faut plier bagages à nouveau, retrouver plus bas une cousine (encore une) qui nous hébergerait ! Mon père, lui, n'est pas encore revenu de son camp de prisonniers malgré qu'à l'info matinale C'est le retrait des rebelles dans ville.

– Hé ben ! Qu'est-ce qu'il se passe donc ? Bon sang ! Voilà même pourquoi qu'aime bien la plume mais je deteste la plus part des plumiers.

– Pourquoi donc?

– Ma chérie, avant de croire à la presee cherche à savoir qui paye l'ancre.

Pour les habitants c'est un spectacle de voir autant de monde sur leurs chemins. Les pauvres, ils ne savent rien. C'est sûr que ces événements donneront lieu, au café et dans les chaumières, à de nombreux commentaires ce soir ! Toute la ville se déplace pour contempler cette procession de vétérans branlants et de mouflets qui braillent à s'en décrocher la glotte.

– Je vraiment qu'on est dans la guerre des année 90 dans la français a été envahis, on ne peut rien y comprendre ma chérie. Je crois ton petit frère doit avoir même faim maintenant.

En effet sur la route proche passent sans fin des convois de femmes, de marmots et de vieillards, qui descendent du Nord à pied, le sac à dos qui déborde et la couverture en bandoulière, certains le large pour quitter la ville et d'autres j'avais impression qu'ils partaient nul par car le camp de réfugiés de mugunga C'est le cholera qui le dira Karibu.

Au flot des guimbardes, des brouettes, des charrettes tirées par des bœufs, des bétaillères de guingois, s'ajoutent les bagnoles au toit gonflé de malles solidement arrimées, c'est les villageons qui quittaient leurs village maintenant ils ce sont réfugiés dans une merde.

– Salut , Habari za leo , les boches, les boches... ! Eux qui disaient qu'on devra le suivre sans peur, ils ont violé même les enfants adolescents sans parlé de vieillards.

Il éructe encore :

– On a quitté pour s'exiler ! Mon copain qui est le petit-fils de la sœur de grand-mère, Joyce, qui nous héberge, leur répond en tenant la main de sa mère :

– Quoque ch'est qu'te berdouille ? Faut s'en aller traduit Joyce ! Puis elle continue

– Ils disent que les Rwandais les ont bombard, violé pour citer que cela.

– Tu as vu un boucher que tu apples Rwandais ?

– Non...

– Vont arriver dès demain voir même ce soir car une partie est déjà en ville et nous arrêter, disent les nos frères qui viennent du Nord où ils ont commis n'importe quoi.

– On ne veut point être boucher ! Venir regner sur nous dans notre propre pays, qui va supporte cela même.

– Ils égorgent et crèvent la paillasse des hommes et violent les femmes ! Vous n'avez rin à minger, a ch'teure, hein ?

On a l'impression que toute la ville et villages voisin marchent!

C'est à nouveau « l'Exode ». Je ne me souviens pas de ces jours sombres mais au cours des années, maman m'a raconté notre périple sur ces routes de champagne puis ceux de la ville. Nous avons tous peur de nouveau et donc forte à prendre la direction Sake et l'autre grand-mère, la soeur jumelle à la grand mère laissé à Bubo. Ma mère trouve un bus dans un village voisin, tandis que ma grand-mère déjà fatiguée reste à la paroisse catholique des pères carch avec une de ses sœurs, c'était plutôt un perelinage sans fin. Sur la route, on roule à 10à l'heure Comme si on avaient une direction exacte. Il y a là des dames angoissées, d'autres avec leurs mioches braillards. Dans le couloir du bus encombré de paquets reposent le panier d'un chat qui miaule sans arrêt et la cage de « Fifi » le serin qui appartient à une fillette qui garde les yeux grands ouverts sur lui.

Une véritable horde humaine serpente sur la route sanglante qui est aussi celle de l'espoir sans doute. Dans les fossés il y a des femmes et des enfants morts, mutilés, mais personne ne les regarde dans cette foule au bord de la folie, grisée de fausses rumeurs et de terreurs vraies qui n'a qu'une idée en tête : manger et avoir la vie sauve et peut-être au bout du tunnel trouver un toit, loin, très loin des bombardements sur nos têtes.

Pour moi « L'Exode » prend à jamais, gravé dans ma mémoire, comme un flash, l'image d'un pont, qui relie deux villages.

Des jours après, alors que des cauchemars s'accrochent à ma poitrine, j'en sors les yeux écarquillés et les veines dilatées, comme quelqu'un qui vient de subir une dure épreuve, dont il s'échappe avec une peur rétrospective ! C'est que j'ai entendu ma mère raconter à mon père notre odyssée, alors pendant des années cela hante mes nuits. Les soldats Rwandais et leurs complices degusés en M23, ADF lâchent leurs bombers sur nos village pour tout detruire de nos vies Comme cela n'a même pas suffit depuis des années. Le ciel nous tombe sur la tête ! C'est le pont qui est visé mais c'est surtout la grande vague des réfugiés qui subit une hémorragie à une opération sans anesthesie. Je revois des gens poussant avec difficulté leurs voitures gonflées de paquets ficelés, d'autres à pied ou traînant un vélo, vêtus de haillons rafistolés, chaussés de socques de bois. Le bus où nous sommes est bloqué sur le fameux Pont sake. En contrebas on aperçoit les éclaboussures des bombes et les éclats de balles de mitrailleuses sur l'onde. C'est comme dans un film où c est Rambo contre l'arme de tout un pays.

Toujours suivi par la meute hurlante des avions qu'on ignore exactement si c'est vraiment les Nations Unies dans leur fameuse mission , le convoi s'ébranle enfin et quitte ce pont de malheur. Ceux qui en font partie, accablés d'horreur et de tristesse voient ce dernier s'écrouler derrière eux. On entend des cris aigus de femmes et d'enfants. Une poussière grise remonte de la terre et de l'eau mélangée. Ce n'est pas un rêve mais un cauchemar qui ne me quittera jamais au rendez-vous de mes nuits !

– Nous sommes passés, grâce à Dieu ! marmonne ma mère.

C'est la seule phrase qui me rassure et dont je me souviens ! J'ai rêvé ou pas ? Ce qui reste du convoi s'écoule à nouveau pour aller vers je ne sais quel destin sur cette route nationale. La ville est coupé du grand nord maintenant C'est le sud-kivu qui se détache probablement, Je suis avec ma mère, je suis sa petite fille! Mais au bout de la route pas de cousine... Alors on arrive à prendre un autre bus, nous changeons plusieurs fois de trajet, ma pauvre maman arrive à trouver des granges où coucher dans le foin, une bouteille d'eau contre des sous. On est retourné aux « Musienene maman? ».

– Non, nous sommes vraiment nul part. Nous decouvrons plutôt un nouveau village, nous tentons retrouver la voix pour rentre Chez nous même si nous n'avons pas dit au revoir à personne.

Les patrouilles de la Mission des Nations unies pour la stabilisation de la RDC

(Monusco), qui avait juré de défendre la ville par tous les moyens, sont contraintes de débuter une cohabitation, étrange mais pacifique, avec les pick-up des rebelles. Après les premiers combats à Kibumba (à une trentaine de kilomètres de Goma), le 15 novembre, mettant un terme à un cessez-le-feu de deux mois, les hélicoptères de la Monusco ont bien pilonné les hommes du M23 deux jours plus tard. Mais lorsque le front a gagné les faubourgs de Goma, la Monusco est restée l'arme au pied, neutre, impassible... Elle n'a pas offert la moindre résistance. Aurait-elle pu en faire plus, avec ses tactiques conventionnelles, la limitation de son mandat ne prévoyant que « la protection des civils », et face à une guérilla déterminée ? Ses effectifs – 1 500 hommes à Goma – le laissaient penser.

« Notre mission est d'appuyer les forces armées congolaises. Encore faut-il qu'elles soient présentes sur la scène », avant que Herve L s'était justifié Hervé Ladsous, le responsable des opérations de maintien de la paix de l'ONU.

Pendant ce temps, le porte parole des rebelles avait déclaré devant les média « Nous irons à Kinshasa si la population nous le demande », a-t-il asséné.

Dans notre bus c'est tout qui a la meilleur information à nous faire qu'on ne sait pas qui écoute quand les eux nous disent de tout ça et d'autres même qui exagerent probablement confirmant notre armé tout comme cette mission unisienne sont complices vu qu'ils ont tous de moyens pour defier les rebelles mais dans tout ça qui sait exactement et pourquoi ils feront cela même?

–Ecoutez ma fille nous allons à...

Avant que sa phrase ne soit achevée c'est Kambale notre chauffeur.

–Avez vous vu ces photos qui font les tours de réseaux sociaux? Je ne crois pas que prendre la direction Bubo sera mieux pour nous, le camp de mugunga derrière nous parait sûre au vu de ces attaques qu'on ignore tous la prochaine direction au l'etape qui suivra.

Les images ont fait le tour des réseaux sociaux. Une dizaine de corps sont étendus à même le sol. Des stigmates de blessures par balles balafrent le visage de certaines victimes. Autour des dépouilles, l'entourage est effondré de chagrin. En fin de journée, samedi 22 septembre, l'horreur a une nouvelle fois frappé à Beni, théâtre depuis des années d'un conflit dit « de basse intensité » opposant les Forces armées de la République démocratique du Congo (FARDC) aux rebelles islamistes ougandais des Forces démocratiques alliées (ADF).

C'était le message qu'on pouvait lire en premier avant de voir d'autres images. Des victimes confondu jeunes, enfants,Vieux. Sur ces images une femme à moitie nue tête coupé à machette on dirait et le plus douleux ce bois introduit dans son organe génital. Maman ne voulait pas que je vois l'image même si j'ai fini par voir quand elle s'est fondue en larme.

–D'un temps à l'autre notre reservoir sera vidé, prendre la route retour pour le camps, dis le plus âgeux sera sage avant même que le Pont ne se fond même totalement pour nous barre la route. Je vis le chauffeur obeïre sans trop réflechir en contournant le Pont cassé. A quelques pas nous avons aperçu quelques soldats sur la routes, tenue deparelle pour certain alors que d'autres armés jusqu'à la dent comme s'ils étaient vraiment prêt à libere la ville et ses villages. Ça santait une tranhison en vrai.

Aussi tôt arrivé au camp de mugunga, nous avons eu le karibu de nos probable voisins.

–*Chez nous, on passe notre temps à fuir les combats. On ne comprend pas ce qui se passe, on ne fait que ça : fuir. Les écoles sont détruites et aujourd'hui, on ne peut plus étudier. Ici, on a tout perdu,* raconte un enfant à notre chef d'équipe comme nous nous sommes venu pour un réconfort, c'est lui le plus âgeux et donc notre chef qui devrait nous cherche le bloc où nous habrite le temps d'attendre l'aide des humanitaire au alors...

*"Avec nos amis, nous sommes partis en étant déjà affamés",* nous dit un homme, un bébé dans les bras. *Nous n'avons pas de nourriture. Si on en avait, nous pourrions mieux vivre ici que Chez nous, regardes suis devenu mère sans sein, quand ma femme a été violé et tué devant nos quatres enfants j'étais obligé fuir mon village avec ce bébé qui m'était resté".*

Avertu, j'ai trop vite compris que dans ce camp on vivra tous les films jamais tourné à Hollywood ni exposé. Pendant que nous avonçons, je vois quatres hommes transportent une femme; avant que nous le demandions

– Heeee encore un mort, je connais cette maman c'est la mère à mon copain nous sommes ici avec eux ici dépuis 2010.

Leurs conditions de vie démeurent préoccupantes. Ils n'ont reçu aucune aide alimentaire du gouvernement congolais depuis que ce dernier a procédé à leur installation en 2008. C'est le Programme Alimentaire Mondiale (PAM) qui, chaque mois, leur distribue des vivres.

Mais selon les dires de ces déplacés, cet aide n'est pas suffisante et maintenant là que nous devons habiter un moment. Le mieux serait de rester dans la ville probablement que ces rebelles ne feront mal à personne.

« Nous souffrons terriblement dans ce camp. La nourriture que nous recevons ne nous permet pas de manger convenablement », a dit André Paluku, un déplacé que nous avons rencontre pendant ces premières heures.

Pus 600 ménages vivent dans le camp de Mugunga où le Haut Commissariat pour les Réfugiés leurs ont distribué des baches pour la construction de « tentes » en guise des maisons.Adultes et enfants dorment à même le sol sans couverture, Ça devra être tour comme une visite Chez le dentiste où chaque à son tour. Je n'arrive pas à oublié cet histoire Comme si c était hier même J'ai du mal à garder les temoignages au toute l'histoire l'avoir en tête. Mon petit frère grandi sur le don de Maman.

A cela s'ajoute le problème sanitaire« Il y a maintenant plusieurs mois que nous ne bénéficions d'aucune assistance médicale depuis le départ de l'ONG International Medical Corps. Il n'y a donc pas de centre de santé et nous ne pouvons pas avoir accès aux médicaments », nous a dit le président des déplaces dans ce camp.

Partout c'est vraiment l'enfer, nous avons vu même un demobilisé qui lui nous dit dès le premier jour bienvenu dans mon enfer, ici nous vivons dans la souffrance d'une guerre préfabriquée. Toutes ces personnes, pour la plupart ressortissant des territoires de Walikale et de Rutshuru dans le Nord-Kivu, ont quitté leurs territoires respectifs suite à des guerres incessantes et à l'insécurité. Bon nombre d'entre eux sont des handicapés,des malades chroniques,des vieillards ou des enfants non accompagnés.Les conditions de vie des déplacés restent alarmantes et médiocres que même l'espoir d'une paix, une joie en famille Papa, mama, mes grandparents me revient un rêve à dormir débout. Impossible comme le rêve américain.

Les hommes grand costume et longue signature, en réalité je crois certaines parties du monde sont mieux placé dans les oubliettes, c'est maintenant presque une semaine que les rebelles occupent la ville au merci de leur silence et... il faudra plus d'une semaine de tractations pour que le retrait se concrétise alors qu'au lendemain de leur prise de la ville Goma il avait été demandé par le président ougandais de quitter la ville.

C'est sur les média encore une fois que nous sommes informé ce diable accord, le président du camps l'a appelé un accord pour une paix préfabriquée comme des maisons préfabriquées made in turque au quelque chose de ce genre.

"Aujourd'hui, le gouvernement de la RDC et le M23 ont signé des déclarations reflétant le consensus atteint au cours du Dialogue de Kampala sur les mesures nécessaires pour mettre fin aux activités armées du M23", déclare un communiqué conjoint des deux parties.

Deux déclarations ont été signées qui comprennent au total onze points acceptés par les deux parties, ajoute le communiqué signé par les présidents de l'Ouganda, Yoweri Museveni, et du Malawi, Joyce Banda.

Le M23 s'engage notamment à mettre fin à la rébellion et à se transformer en parti politique. L'accord prévoit aussi une amnistie pour les membres du M23, mais uniquement pour les faits de guerre ou d'insurrection, et fixe les modalités de la démobilisation des anciens rebelles.

Les rebelles détenus par la RDC pour fait de guerre ou de rébellion seront libérés. L'accord prévoit aussi le retour des populations déplacées par les combats. Il prévoit la création d'une commission chargée de statuer sur le sort des terres et des biens confisqués, volés ou détruits.

"Le document est très clair : il n'y a pas d'amnistie générale. Ceux qui sont présumés s'être comportés de façon criminelle sur le plan du droit international, avoir commis des crimes de guerre ou des crimes contre l'humanité, ne seront pas réinsérés dans la société", a déclaré Lambert Mende, porte-parole du gouvernement de Kinshasa.

"Il y aura la justice, pas d'amnistie aveugle. Que la justice soit rendue ici au Congo ou à La Haye, cela n'a pas d'importance", a-t-il ajouté en précisant que l'accord avait été signé à State House, la résidence officielle du président kényan à Nairobi.

Le M23 tient son nom de l'accord du 23 mars 2009 qui a mis fin à une insurrection au Nord-Kivu et prévoyait l'intégration des rebelles au sein des forces gouvernementales. Considérant que cet accord n'avait pas été respecté par le gouvernement de Kinshasa, certains militaires se sont mutinés en avril 2012.

L'avenir pour un moutard de sept piges peut-il se concevoir sans référence au passé ? A vrai dire la petite enfance du jeune « aux yeux Bleu » que je suis, je ne m'en souviens plus tellement de qui a dit quoi et quand même si je hantais juste d'être chez nous pas dans ce putain de camp! Il me reste des flashs entrecoupés de beaucoup d'ombre comme si les images d'un film muet défilaient en accéléré dans ma tête pour se terminer au mot FIN par ce que papa appelle l'âge de raison. C'est à ce moment même malgré mon âge que je réalise alors que la vie n'est pas tout à fait comme dans les contes ! Les jours tombent les uns sur les autres et au passage laissent choir des miettes de petits plaisirs, de petits désirs et de gros chagrin.

Une semaine plus tôt, la formule de ce retrait avait été arrêtée à Kampala, en Ouganda voisin, lors d'un sommet de la Conférence internationale sur la région des grands lacs (CIRGL), mettant un terme à l'avancée rebelle dans la foulée de leur prise de Goma, le 20 novembre. Il a fallu ensuite plusieurs jours de tractations, avant que le M23 (Mouvement du 23 mars), après avoir rassemblé une partie de ses troupes les plus avancées dans la ville voisine de Saké (à une vingtaine de kilomètres de Goma la veille)la veille, ont finalement quitte la capitale du Nord Kivu samedi en fin de matinée, dans un long convoi de camions flambants neufs de l'Office des routes suivi d'une série de voitures particulières volés en grande partie dans la ville.

Entré en ville le 20 novembre, le M23 s'était appliqué à tenir ses hommes pour éviter les pillages. Mais les derniers jours, la discipline s'est relâchée. Vendredi, pendant plusieurs heures d'affilée, forces rebelles et casques bleus de la Monusco (Mission de stabilisation de l'ONU en République démocratique du Congo) s'étaient fait face, armes à la main, à l'entrée de l'aéroport, les hommes du M23 exigeant de pénétrer dans l'enceinte pour y prendre possession d'une cargaison de 80 tonnes d'armes, essentiellement des munitions, abandonnées par les forces loyalistes lors de leur fuite pendant la prise de la ville.

Les troupes du M23 ont commencé à se retirer de leurs positions depuis samedi 1er décembre matin à Goma dans le Nord-Kivu. Une parade militaire au rond-point du cercle sportif de Goma a marqué le début de cette opération. Le commandant des troupes du M23, le général Sultani Makenga a signifié aux troupes leurs retraits jusqu'à 20 kilomètres au Nord de la ville. Le retrait du M23 s'effectue sous le regard de la population, amassée sur la rue.

Les différents postes stratégiques contrôlés par le M23 ont été officiellement remis aux responsables du mécanisme conjoint de vérification de la Conférence internationale sur la région des Grands Lacs(CIRGL), de la Police Nationale Congolaise, de la Banque Centrale ou de la Monusco, selon le cas. La grande barrière entre Goma et Gisenyi fait partie de ces postes stratégiques.

La population s'est amassée sur la route pour observer les mouvements de camions et jeeps transportant des militaires et leurs effets vers la sortie Nord de Goma.

Les troupes du M23, regroupés à Kimoka, dans la cité de Sake (30 Kms de Goma), se dirigent aussi ce samedi pour leur cantonnement dans le groupement de Kibati, à une dizaine de kilomètre au Nord de la ville de Goma.

Plus de 100 soldats du M23 y étaient regroupés. D'autres arrivaient progressivement. Ces miliciens quittent le secteur de front de Mure-Mure, la colline surplombant Shasha depuis jeudi 29 novembre. D'autres sont venus de Ngungu, Karuba et Mushaki.

Le retrait des troupes du M23 de Masisi pourrait prendre trois ou quatre jours car les soldats marchent sur de longues distances pour atteindre Kibati et leurs bases militaires de Kibumba, a expliqué le porte-parole militaire de ce mouvement rebelle.

Le pompiste de la station Congo pétrole, à la sortie de Goma, regarde s'éloigner les pick ups des rebelles du M23 et essaye de calculer combien de litres, dans leur retrait de la grande ville de l'Est de la République démocratique du Congo (RDC), les hommes en arme ont mis dans leurs réservoirs en omettant de payer la note. "*Ils ont dit de mettre full tank (le plein) puis ils sont partis comme ça. Ils n'ont pas tous payés mais au moins ils s'en vont*", commente-il doucement dans la poussière de la route voisine, ruban de terre qui longe l'aéroport sous contrôle de l'ONU, avant de monter en direction de la région du Rutshuru, où les hommes du M23 ont accepté de se replier samedi, personne ne sait exactement ce qu'ils ont fait de la Banque centrale qu'ils ont tenté de faire sauter les portes ni les minitions de la force loyaliste stockés au port de goma avant qu'ils ne se retirent pour sake, en cédant à des pressions régionales et international les rebelles se sont replié sur une colinne strategies le temps que leurs accords aboutissent sinon...

Nous avons dormi avec le coq dans la main le disaient le sage, vehiculeux, à pied nous avons été nombreux à regagner la ville touristique, enfin le stylon vert a gagné. L'entrée de la ville c'est une petite colinne située derrière station simba pour nous dire karibu, déjà un cimetière de ces quelques soldats tombé au front encore frainch se fait voir de loin et surtout la route quelques boutiques aux vitres cassés pillées par je ne sais qui.

Pour les vieux et les jeunes, c'est le délire. Ils passent la nuit dans les nombreuses Bar Gomatraciens à boire du vin venant de je ne sais où. Ce que les besogneux de l'entourloupe il y en avait dans les rades de notre banlieue ! Ils chantent, ils dansent, roulent une galoche à leurs cavalières d'un soir, il faut dire qu'ils ont été privés de bals les pauvres, alors plus d'une donzelle perd avec allégresse son innocence cette nuit-là ! Bref ! Qu'ils soient jeunes ou entre deux âges ils gambillent et badinent à la congolaise sans s'exposer au qu'en-dira-t-on.

Dans la ville tout marche encore au relenti, peu de marchandises proposés sur la route comme normal, des casse presque partout ce sont les ajusteur (saudeur) qui ont le boulot comme. Et sur la route comme sur les pavés du sang se fait voir, personne ne sait qui a tiré sur qui.

J'ai un petit copain qui habite à côté de chez l'oncle, il s'appelle « Elianne». On joue dans la rue bien sûr malgré ces temps passé sépare quand l'homme fort a fait ses lois et nous avons été confiné dans ce perlinage dans le camp et je ne sais où encore. Avec Elianne dans le caniveau nous faisons voyager nos morceaux de bois lorsqu'il a plu. On imagine alors que nos bateaux sont des voiliers de corsaires qui s'affrontent. Elianne a démandé des billes à son frère charles, alors on les tique sur le trottoir ou dans mon jardin là c'est plus sûre pour nous le temps que les boutiques ouvriront.

Maman, elle toujours pas joileuse malgré notre retour du camp et je ne peux qu'imagine ce qui la passe par la tête sI pas l'Image de mon père son mari. Nous étions venu avec deux paires de chaussures, deux chemises, et trois pantalons pour Papa maintenant que la guerre est fini et que Papa n'est toujours là, quoi allons- nous dire à grand-mère qui nous a vu partir à toute pression fuiant la guerre et maintenant nous nous sommes habrité la pluie dans le lac.

## 5

## Après Guerre

## ( Ils ont ajusté leurs tures)

Pour nous c'est un après guerre avant de comprendre que c'est alors un masacres à grande échelle, des morts en serries par les mêmes commanditeur en constime et au gravatte rouge, poches chargés comme en full tack qu'une jeep de la Nasa ;cest ADF/Nalu qui porte leur chapeau. Toujours avec le même style avoir un negre d'esprit pour porter ce chapeau comme cette guerre d'après independence du Congo Belge.

Ah ! Ce 3 décembre 2012 ! Autant que je me souvienne ou plutôt que mes parents me l'ont soufflé, la guerre est finie !

- La guerre est finie ! crie à s'en décrocher la glotte, le journaliste d'une Radio locale, place de la tribune sur la route Kanyamuhanga. Il brandit l'unique journal dont le titre barre la première page « Goma est libérée, retroussons nos manches le stylo l'emporte».

Les cloches de l'Ex cathedral catholique carillonnent à tout va ! C'est le délire dans les rues. A Goma et dans les villages voisins on a pourtant déjà fait sauter les bouchons et allumé les lampions il y a quelques mois lorsque Paris et sa banlieue ont été libérés en août 44. Les alliés avaient à cette époque déversé des quantités de bombes dans le Parc, sans compté les centaine qui devraient se retrouver directement à Rutshuru et dans les villages cousins de Beni. Normalement c'est les voies reliant Goma à ses territoires ainsi que ses mineres qui étaient visées au départ avant que ...

Dans le petit salon de notre maison, le haut-parleur du poste de radio en merisier verni posé sur une table basse, vibre au son de la voix nasillarde du président de la Société civile. Plusieurs années après l'exode il y a toujours un moment où il est signalé le nom d'un enfant perdu qui est recherché par des parents ou la Rouge maintenant c est le kidnapping, Soyez prudent.

Le lendemain matin, la revue presse indique un cas mis dans les oubliettes, ce sont les petres disparu depuis octombre. Les rebelles ougandais de l'ADF-Nalu ont kidnappé le mercredi 23 octobre une vingtaine de personnes dans la localité d'Upira à Beni (Nord-Kivu). Ce kidnapping n'est pas le premier dans ce territoire. Depuis près de deux ans, des cas d'enlèvements sont régulièrement enregistrés dans le Nord de la province du Nord-Kivu. Les auteurs de ces actes ne sont généralement pas connus même si les groupes armés actifs dans cette partie de notre province sont mis en cause. Les rumeurs circulent que autorités locales affirment lancer des enquêtes pour récupérer les otages mais les nouvelles sur leur libération sont rarement communiqué. On se ne sait pas ce qui se passe.

Ma fille, ne te mele pas des affaires des grande personnes rien que hier c'était le M23 maintenant c'est une nouvelle histoire qui prend place. Je ne veux pas que vous grandissiez hors Chez nous, voilà pourquoi une fois la RN2 libre nous allons rentre rejoindre votre Grand mère J'ai même tenté la joindre par télèphone mais en vain. Le 19 octobre dernier, les trois prêtres du Diocèse de Butembo–Beni ont totalisé trois mois aux mains de leurs ravisseurs. Les pères Jean Ndulani, Anselme Wasukundi et Edmond Kisughu avaient été enlevés par des hommes armés le 19 octobre 2012 dans la soirée au couvent de leur paroisse. Malgré les enquêtes lancées par les autorités locales, ils restent introuvables jusqu'à ce jour.

Mais ce cas n'est pas le plus ancien.En décembre 2011, un autre religieux catholique avait été enlevé dans le même territoire de Beni. Cet enlèvement avait suscité un mouvement de protestation dans la ville de Beni. Les protestataires avaient déposé un mémorandum à la mairie. En réponse, le commandant de la police de Beni avait promis que des recherches seraient lancées pour le retrouver mais elles sont où exactement ces pauvres comme ton grand père?

Ae ae ae... Et là c'est Teddy mon petit frère qui à ses 3mois ne connait pas notre Papa toujours pas revenu lui aussi comme le grand père, je le regarde souvrir pour lui tout va bien.

Trois jours après C'est pour nous le grand jour malgré tout, nous devons rentre Chez nous même si pour moi c'est Comme dans un rêve aller où déjà il ya alerte des kidnapping et tous. Maman a fini à faire nos valises, mon petit frère dans les bras de l'oncle serre trop contre sa poitrine une manière pour lui de nous dire Bonne route avant de me files 10 000fc dans mes mains : mkate ya njiyani.

Nous sommes en route pour le village Kabasha situé entre Bubo et Beni, où nous allons chercher grand mère qui était censé y rester durant notre séjour et Papa probablement rentré du frond. La terre est grasse et rouge et, à la saison des pluies, les sols se transforment en vrais champs de boue. Ce matin, l'air est frais et vivifiant. Des oiseaux s'égosillent dans les arbres, remplissant l'air de puissantes tonalités teintées de chagrin et d'espoir à la fois. Dans la voiture un silence embarrassant s'est installé. Tout le monde a les yeux tournés vers les collines sur la RN2 avant d'arriver à Rutshuru, alors que la voiture roule à toute allure sur la route poussiéreuse en direction de Bubo. Nous devrions y être avant 15h a dit le chauffeur avant de quitter l'agence. Nos têtes ballottent au rythme des nids-de-poule, ce qui nous amène inévitablement à croiser le regard de l'un ou l'autre des passagers.J'essaie d'imaginer ce que peuvent bien ressentir ces gens, alors qu'ils sont sur le point de retrouver les êtres qui leur sont chers. Personnellement, je suis impatient, mais ne sais pas trop comment l'exprimer.

Je cherche à capter le regard d'une des vieilles femmes. Elle n'a pas pipé mot depuis que nous sommes partis. Je lui avais dit bonjour plus tôt dans la matinée, mais elle avait passé son chemin sans me répondre. Je n'avais pas compris pourquoi. Une fois dans la voiture, je remarque qu'elle n'arrête pas de me fixer du coin de l'œil. J'essaie d'imaginer comment entamer une conversation avec cette femme qui, par ailleurs, m'ignore depuis le premier instant. J'hésite à la saluer une deuxième fois puis, finalement, je renounce car maman m'avait de m'eviter les problèmes à tout pris car pour elle la seule manière de n'est pas avoir des problème c'est les éviter.

Je détourne brusquement le regard et adresse un sourire à deux des enfants presque de mon âge. Je pense à leurs parents qui doivent mourir d'impatience de les retrouver même si je me mets de film en tête probablement. Dans la voiture, le silence se fait de plus en plus peasant que même maman ne m'a pas adressé la seule parole depuis, j'ignore ce qui la passe en tête. On n'entend que le bruit du moteur lorsque le chauffeur passe les vitesse l'une vers l'autre. Issu d'une culture où les gens sont plutôt démonstratifs, en particulier dans les occasions spéciales, je m'attendais à des sourires, des rires ou même des manifestations de joie au fur et à mesure que nous approcherions de notre premier arret. Mais rien de tout cela. En examinant de plus près l'expression de chacun des voyageurs, je me rends compte que le vide et l'incertitude qui caractérisent l'existence de tout réfugié continuent de marquer avec ténacité les visages et qu'il y a bien des choses que nous tenons pour acquises, jusqu'à ce que nous les perdions. C'est l'amer constat qu'ont fait ces colleges de voyage même si personne n'arrive pas à le dire de vrai, lorsqu'elles ont été séparées de leurs proches en fuyant le

Bunagana au ailleur comme nous pour se réfugier à Goma croyant être en sécurité.

Peut-être n'avaient-elles pas toujours apprécié à sa juste valeur le fait de vivre ensemble paisiblement, avant ce jour où elles ont dû fuir leur foyer, amour et se sont retrouvées dispersées.

À un moment donné, l'image de ma grand-mère, mon père me vient à l'esprit, et je trouve tout-à-coup le courage d'adresser la parole à la vieille femme ; je lui demande : « Que ressentez-vous maintenant que vous allez retrouver votre fille après ces jours passées sans savoir où elle était ? » Mais, aucune réaction, pas de réponse. Je suis blessé : décidemment, pour une raison qui m'échappe, je ne lui reviens pas.

Une autre voyageuse, qui a remarqué ma contrariété, m'explique alors que la vieille dame est sourde-muette et qu'elle n'a pas des jours comme je le crois mais plutôt qu'elles sont quitté leur village d'une année et demi déjà après cette femme avait été violé par trois hommes armés et son mari a été tué par ces mêmes hommes prêt de la colline chanzu.Mon cœur se serre soudainement. Comment a-t-elle fait pour vivre au quotidien dans un camp de réfugiés alors qu'elle ne peut ni entendre ni se faire entendre ?

Qu'a-t-elle fait pour mériter tout ça ?

J'ai l'impression d'être au cinema pour la fin d'une serrie que j'ignore le début au alors que c'était la bubliotheque lire le roman de Patricia (La mort sans nom) pourtant j'avais cru au père Noël si tôt avant de comprendre que le père n'est qu'une illusion.

Malgré les arrets le long de la RN2 et après ce long convoi nous sommes enfin arrivé à Bubo avant de continues notre route sur un haujun pour deboucher dans ce un grand village situé à 30 km au Nord de Bubo, sur l'axe Bubo-Beni (Nord-Kivu) comme demandé l'oncle. Aussi tôt descendu de ce Haujun maman se précipitant dans une boulangerie enfaimé jusqu'à la dent le boulanger la refuse du pain qu'elle a aimé, frustrée!

- Avançons ma fille, je peux le faire à ailleur as- t - elle ajouté

A la limite moi je m'en fiche car c'est papa qui me fait des galoches avec le dessus pris sur de vieilles grolles qu'il bricole et sur des semelles en bois il en rajoute d'autres qu'il découpe dans de vieux pneus cachés dans la cave, par contre les gâteaux qui sont en vitrine des boulangers me font saliver.

- On n'y a pas le droit ! Profère m'man,

- C'est pour les riches qui trafiquent.

- Ah bon ! Dans les queues, ça discute, il faut dire qu'il faut parfois une heure pour entrer dans la boutique. On interroge souvent ma mère sur les loupiots qu'elle a dans sa classe ! On révèle que les paysans s'enrichissent. D'autres racontent de vilaines choses sur certaines Bubolaise. Je tire toujours avec force la manche de maman et baragouine

- Quand allons-nous rentrer, m'man ? - J'en ai marre d'attendre ! Pendant maman se précipite déjà à faire le Ned du porte bébé du petit frère.

Lorsqu'il n'y a plus de pain, on se contente des galettes sans marque proposé à la bel air . Pour mes trente minutes je ne les déteste pas quand maman y ajoute une couche de saindoux. Ici il faudra grandir plus que ton âge, et t'adapter. La perdiode pluvieuse il faut se débrouiller pour chauffer la maison, la soup et le reste avec la cuisinière en fonte qui trône dans la cuisine. On y met du bois, des pulpes et tout ce qui brûle. Chaque soir il faudra monté dans notre chambre couvert sinon tu seras pris à une maladie du Corona virus !

– C'est bath ! Je me précipite en courant devant la maison comme si je connaisse exactement la porte. Grand mère est là et se demandait bien où on était tout ce temps. Elle a bonne mine et elle est souriante malgré un petit grippe qui la tiens au gorge selon ses mots la pauvre qui m'a vite réconnu tout comme moi avant de voir Teddy tout rougie ses yeux à cause de ses pleures.

Ici c'est une autre histoire nous respirons un autre air, Nous ne souffrons guère des restrictions alimentaires durant ces lendemains de guerre malgré le rationnement qui existe encore !

Les pommes de terre, notre si précieux légume pour le bonjour et le bon soir de tout le jour, poussent maintenant tout à fait légalement dans le potager de ma chère grand-mère à quelques pas de la maison.

Une fois les drapeaux de la victoire repliés, je n'attends rien du kivu liberé de la fermeture des bordels et du procès de ces fils des putains ! Certains des amies de maman parlent bien à table des aventures du général Leclerc de la France, de la bombe d'Hiroshima et du retour des tickets de pain en France après guerre Comme si nous etions français, mais que voulez-vous que cela fasse à un mioche de cinq ans qui rêve d'avoir un vélo, de remplir ses poches de billes multicolores et se tape de biscuit au chocolat !

Même si j'ai les joues bien rondes et l'œil plutôt pétillant, je suis de santé délicate ! maman et le docteur pensent qu'une tête bien faite ne peut s'épanouir que dans un corps sain et me propose de temps en temps des visites guidés et là On m'exile alors quelques semaines Chez l'une des amies de maman qui habites prêt du ferme du président Kabila. Ce n'est pas toujours rose avec les bonnes sœurs ! Pour la première fois j'ai goûté là-bas du vrai lait sortant du pis de la vache qu'un brave paysan nous donnait dans un gobelet par-dessus le mur du ferme. Cela ne me dispense pas, lors de mon retour à notre village, d'ingurgiter chaque midi en rentrant de l'école, un verre de paracetamol effervescent, Fortaline, préconisé par le pharmacien, et mélangé avec soin par grand mère avec du vin du « Tangawizi». Que elle aussi appelait recette maison

Normalement, lors de notre retour à après nos baguenaudes au pied du volcan j'aurais dû aller à l'école privée du coin, mais les petites classes servent de cantonnement aux occupants alors je vais à l'école du Centre gerée par les pretres.

Pour se déplacer à l'école je suis accompagné par ma mère mais le plus souvent j'y vais tout seul vêtu comme les autres d'une pèlerine qui recouvre une blouse, de chaussettes de laine fabriquées maison et de mes galoches. Ce n'est pas loin, il n'y a qu'à prendre la deuxième rue à gauche après notre maison et c'est tout droit.

Le Centre c'est une vieille école toute grise. Les portes du premier étage donnent sur un balcon qui coure le long du bâtiment. Je remarque que sur les portes une plaque désigne le nom des maîtres d'autrefois. La cour est blafarde comme l'école. Le directeur du Centre s'appelle père Emil et il n'est pas commode du tout. Un jour il est venu nous dire d'un ton solennel que les enfants qui portaient une étoile jaune cousue sur leurs vêtements sont partis avec leurs parents dans la zone libre. Personne n'a demandé pourquoi ils avaient une étoile ni comment cela est arrivé là!

Notre enseignante, elle est plus vieille que maman mais elle est gentile que nous l'aimons malgré elle nous fait brailler sempiternellement des comptines sur trois notes à s'en décrocher la glotte :

« Deux et deux quatre

Quatre et quatre huit

Huit et huit font seize... »

Je n'ai jamais été très fort en additions et en problèmes alors j'ai un jour proposé à mon voisin un troc puisque c'est la mode.

Ce sont des bijoux de maman que j'ai pris dans un tiroir de la commode qui se trouve dans sa chambre contre la solution.

Heureusement la maîtresse a remarqué le stratagème et m'a confisqué les bijoux pour les remettre à ma mère. Tous les deux on a passé une heure debout près du tableau, les mains sur la tête. Maman a été atterrée quand on lui a remis ses parures de famille. J'étais un vaurien mais elle n'a rien dit à grand-mère ! Il faut dire que le dimanche précédent c'était la fête des mères que le geant du genre avait institué. Je lui avais remis un beau dessin bariolé où j'avais écrit de ma plus belle écriture, « Pour ma maman chérie » - Alors !

A l'école de fois  on travaille le matin et l'après-midi se passe dans la cour souvent pour la gym, monsieur Coulon, un champion de la corde à nœuds disent les grands et madame zawadi qui s'occupe des filles et des petits. On apprend à marcher au pas en vue de la fête comme nous étions concerné même.

Monsieur Coulon dit aux grands qui n'obéissent pas

– Vous allez voir, les boches, eux, ils vont vous faire marcher au pas ! On fait des mouvements de gymnastique en vue de la fameuse fête. Dans la cour on est mélangé avec les grands. Des noms de maîtres circulent lorsqu'il faut aller dans les abris.

- Visez « Petit Navire » il a oublié son galurin. Ils l'appellent ainsi à cause de sa démarche chaloupée. Une fois, quand il est rentré dans la classe il a fait un raffut du tonnerre de Dieu, lorsqu'il a vu que son chapeau avait fini dans la cour de récré entre les tatanes des garnements qui jouaient au foot. Je n'étais pas là pour voir la suite. Certainement un coup de règle sec sur le bout des doigts du cabochard qui lui avait piqué son chapeau pour le lancer par-dessus la rambarde. L'école c'est aussi pour moi le goût mélangé des pastilles vitaminées roses distribuées en classe en guise de chocolat. On a souvent la visite du docteur envoyé par les humanitaire, nous passerons vous vaccine contre la meningite Tous frissonnent, même les plus téméraires.

– C'est pour votre bien !

lance-il à la cantonade. Il en profite pour contrôler si nous n'avons pas de « totos » dans les cheveux. Ceux qui en ont passent à la tondeuse. Dans la cour à l'abri du regard des maîtres, les « ventre-creux » échangent de vieux jouets contre des biscuits vitaminés.

Huguette, qui est instit aussi à notre école et amie de maman, me ramène chez moi à l'arrière de son Rav4, Fier comme un pou, je dis à mes copains que c'est ma tata à moi.

Pendant que mes parents passent leurs week end avec des amies, Fanny, Marcelle et salomeh dans la ville de Beni, moi je vais prendre quelques semaines de repos sur ordonnance au préventorium de Super Bregille près de Besançon à nouveau chez des bonnes sœurs. Je me repose en mangeant de la cancoillotte venant de Beni. On prend le funiculaire pour aller prendre des bains en ville. On est obligé de garder nos caleçons sous les yeux vigilants des sœurs, on ne sait jamais.

A la rentrée scolaire de 2018, je vais à l'école privée. J'y suis un élève sans importance, un etranger sans identité. Je ne fais pas beaucoup de progrès avec le père Carl, l'instit qui passe son temps à gauler des boulettes de papier mâché au plafond. Madame Chantal ne m'a pas laissé une forte impression sauf que chaque matin elle nous fait montrer nos mains, mais par contre on écoute religieusement la leçon de morale qu'elle a écrit à la craie au tableau « L'exactitude est la politesse des Rois », Silence du cimetière.

- Prenez vos cahiers et écrivez ! Alors elle nous dicte le thème en question. D'autres jours, de sa voix douce elle nous lit des petits contes, où il est toujours question d'honneur, de travail, de sagesse qu'ont rédigés des auteurs dont elle cite les noms. « de Monsieur Ernest » ou de « Patrick » dit-elle ! Avec monsieur Bernard, c'est un peu différent ! Il est beaucoup plus sévère et n'arrête pas de cafter à ma mère les bêtises que je fais à l'école et qui réciproquement lui raconte celles que j'accomplis à la maison. Chapeau la solidarité entre instits ! Avec lui il n'est pas question que ses élèves passent le certif, il les pousse au contraire vers le concours d'entrée en sixième. Je comprends que rien ne sera facile cette année.

Aux leçons Math problème, succède l'enfer des dictées où j'ai des problèmes avec les accents et mes plumes sergentmajor qui accrochent le papier sur le délié d'une majuscule. Sitôt la dictée terminée il y a les questions sur le texte, J'ai la chaire de poul.

Monsieur Bernard semble se délecter des embûches, nous rebat les oreilles avec les participes passés et arrive aux corrections. Il y en a qui ont des zéros pointés, d'autres comme moi à qui il fait la leçon - Si tu ne travailles pas tu n'iras pas au lycée en ville, je vais en parler à ta mère ! Du chahut dans la classe ? La question ne se pose même pas.

Pendant la récréation on joue aux billes ou aux osselets, parfois à chat perché un peu du chicha chuuu yako chicha chuuu... Un grand nombre de garçons vont se jucher sur le muret qui nous sépare de la cour des filles. Certaines sautent à cloche-pied sur des marelles tandis que les plus grandes croisent et décroisent une corde à sauter en fredonnant des comptines. Certaines copines de classe sautent, Leurs jupes sautent en l'air et on voit leurs cuisses. On ne se marre pas longtemps car un coup de sifflet strident du maître de service nous fait descendre à toute vibure de notre piédestal à moins que nous n'attendions le calin du DD comme ils les appele.

Entre temps ma vie s'écoule entre la rue de ce nouveau village qui est devenu chez moi le temps d'y attendre mon père, notre maison à Bubo nous sommes fin loyer à quoi bon y rentre sans un sou ? Suis J'ai plus d'amis que mes copines. Notre terrain de jeux c'est toujours la rue. Il n'y a pas beaucoup de voitures qui passent dans la mienne, notre rue  été comme hiver en Europe on tape dans le ballon au milieu de la chaussée sauf quand papa d'à côté sort sa Traction avant pour la nettoyer. On se fait un terrain de foot en indiquant les buts comme toujours par des bérets. Les quelques voitures et les motos qui s'y aventurent sont obligés de s'arrêter quand on commence une partie.

Le jeudi nous formons un groupe de garnements composé de Erick, Hybertine, Robert et d'un nouveau voisin, Koko qui habite la rue voisine et que j'ai connu à l'école chez le père Carl et à l'Eglise du dimanche. Nous sommes une petite bande assez avancée dans la « voyouterie » pour faire des coups pendables dans le quartier comme ces garçons...Un peu plus loin dans ma rue, des filles, dont Claudine qui habite en face de chez moi, tracent à la craie une marelle. Elles y sautent gravement à cloche-pied et en cadence, je crois elle vient de la ville vu qu'elle est plus civilisé que nous tous même. Parfois on fait les singes sur leur terrain et les petites se mettent à crier et à chialer, des mères surgissent aux fenêtres et ça finit toujours par une torgnole assénée par la plus grande des gamines !

Chaque rue ou chaque quartier a sa bande des petits garçons plus souvent qui font sa loi dans le coin. Parfois on affronte avec mes copains d'autres mômes en terre étrangère. Pour aller se bagarrer avec les gitans de la carrière, dans le quartier voisin, il y a intérêt à s'armer de lance-piges et à remplir nos poches de billes, bien sûr pas nos agates mais des billes en argile, quelques-unes en acier et un ou deux calots.

Quand on revient de là-bas certains ont des bosses, d'autres ont les tatanes qui baillent à force d'avoir escaladé des monticules de terre par des montagnes. Il arrive même que l'un de nous prenne une avoinée et saigne du pif. On se retire alors sur nos positions sous une bordée d'injures en n'oubliant pas de leur crier à s'en décrocher la glotte - On reviendra ! On reviendra ! - Bande de malpropres ! De dépit on se venge sur les réverbères et on toque sur toutes les portes situés à proximité en se carapatant à toute pompe quand un bonhomme sort furieux dans la cour.

Avant de rentrer à la maison on se fait une petite partie de triangle. On y place nos plus belles billes en verre, des agates de toutes les couleurs, avant de lancer notre calot comme une boule de pétanque ! Le plus souvent nous jouons « à la ligne » dans les caniveaux. D'un coup de pouce le premier des gamins lance sa bille le plus loin possible et le suivant qui parvient à lui « tiquer », l'emporte.

Tous les morveux de notre âge se confectionnent un traîneau. C'est une véritable industrie ! Si les nôtres sont constitués de planches avec des roulements à billes plantés aux quatre coins, certains en ont des sophistiqués avec des caisses décorées et carénées comme des carrosseries de bagnoles de la ville, avec doubles roulements. C'est chouette de dévaler la rue des Trois Frères ! On éprouve des sensations, comme disent les grands ! Quelques mioches gâtés viennent nous faire la nique sur notre circuit avec aux pieds des patins à roulettes, bof ! Qui avaient fini même par frappé sur mes copains un jour plus tard, chanceuse ce jour où maman m'avait laissé la garde mon petit frère Taddy pendant qu'elle partait au champs avec grand-mère.

Je fais ma communion solennelle à la paroisse Catholique de Bunyuka dans le territoire de Beni (Nord-Kivu) en 2019, je crois que c'est le 13 mai. Cette année-là nous sommes travestis comme des petits mariés avec un brassard blanc à franges.

Dès potron-minet je suis parti à l'église avec la piété requise, car le petit Jésus allait fondre dans ma bouche m'a assuré l'abbé. Je n'ai pas bu ma Fortaline ni mangé mes pomme de terre faite à la tranditionnelle par ma grand-mère et grâce à Dieu je n'ai pas avalé ma cuillère habituelle d'huile de foie de poisson. Les garçons se glissent dans un pantalon comme papa et les filles toutes voiles dehors sont ornées de dentelles et de roses pour la procession qui se déroule en un long cortège derrière le kinois en grande tenue, suivi par les abbés de je ne sais où, précédés par une grande Croix portée par un enfant servant de messe. C'est pour nous l'aboutissement de plusieurs années de catéchisme. Nous pourrons par la suite aller à la messe, celles des mariages et des enterrements mais aussi celle du dimanche comme vrais chretiens.

Ding, Ding, Dong ! Les cloches sonnent à toute volée et la lourde porte de l'église s'ouvre à deux battants laissant échapper des effluves d'encens. L'église brille de tous ses feux. Vraiment admirable.

Les parents guettent impatiemment leurs rejetons qui passent dans l'allée au rythme lent de la procession - Le voilà ! - Le voilà ! - La voilà ! chuchotent des dames chapeautées de plumes et ennuagées de voilettes.

C'est le moment de la communion, chacun reçoit un petit morceau de pain rond, blanche qu'on appelle hostie. Moi je la fais fondre lentement sur ma lanque comme un bonbon, ça y est je suis catholique de plein droit ! Je pense aussi au repas de midi car j'ai drôlement faim.

En ce grand jour toute la famille est réunie. Il y a ma marraine Lydia et mon parrain Franck, mes cousins et cousines avec leur parentèle. Ils viennent tous pour moi sauf mon pauvre père toujours pas là, où il peut être bon sang. C'est l'oncle qui est là pour répresenter mon chéri père, il est allé tôt le matin à la première heure cherché quelques poulets de chair dans la poulaille de l'un de ses amis de longue date et le poison, tous sont déjà disposé dans un grand plat par Ledoux, le charcutier de TMK à Goma c'est dans notre maison pour ce jour . Il semble nager dans un océan d'œufs mimosa ! Après la tarte, les uns commencent à chanter. Je récite un compliment, je reçois des cadeaux mémorables : un missel relié en cuir marron, un chapelet, une croix à mettre au mur de ma chambre, un magnifique stylo doré, une chaîne avec la médaille en argent de la Vierge et un petit roman de poche (ce petit pays). C'est chouette !

Mon parrain entonne « Les trois cloches », papa franck

« Le petit vin blanc » en levant haut le coude, maman casse une demi-douzaine de verres de Bavaria offerts par l'oncle tandis que Patrick le demi-frère de ma mère et ma cousine Nicole se relaient au piano téléchargé dans un Techno camon 12 pour jouer un boogie woogie endiablé ! J'ai envi d'aller au ciel même si je ne veux pas mourir si tôt.

C'est une sacrée journée ! Malgré les restrictions, les bouchons n'arrêtent pas de sauter et tous trinquent à la Santé le goût est toujours choisi et taillé. Mes parents et moi, allons faire les commissions chez les commerçants du quartier. On me donne quelques sous pour les achats mais je garde souvent la monnaie pour m'acheter des chips..., c'est marqué au coin du bon sens - non ?

- chérie, vas chez Mumbere, profère ma mère. - J'ai compris maman.

C'est le père d'un copain de classe qui tient la Boutique maman aime dire plutôt le magasin. La boutique est toute en longueur, grise comme la blouse de l'épicier. Dès le pas de la porte, une senteur mélangée de cannelle et de chocolat me fait palpiter les narines je ne sais pas comment il fait et qui les acheté ici au village même si maman y fait ses achats de fois. Sur les étagères s'alignent des dizaines de boîtes de conserves rangées en pyramide et à portée de main des tablettes de chocolat made in Butembo DRC pour dire merci à virunga chocolate, celui que je préfère parce que à l'intérieur il y a des images que je colle sur un cahier vient de je ne sais où. Au fond de la boutique trône le comptoir avec sa balance Roberval et un petit présentoir avec des sachets roses de levure Alsa et ceux d'un joli bleu de sels lithinés. Derrière se tient sagement madame l'épicière alors que son époux est en train de puiser dans un grand sac de sucre cristallisé, pour remplir un pochon de papier que lui a commandé une ménagère.

- Qu'est ce qu'il veut le petite? grommelle l'épicière, c'est madame mumbere.

- Une bouteille de Vin de messe, un paquet des oeufs et un , madame! Dis-je.

- Tu n'oublieras pas de ramener la boutelle j'en utilise pour vendre le petrôle et dis à ta mère que je crois je manquerais pas un peu de fritte, c'est notre fête non petite. Ajoute-t -elle, en faisant signe à son mari de me servir. On ne rigole pas avec la consigne chez cet épicier, du litronau pot de yaourt c'est retour à l'envoyeur !

- Maman passera payer, au revoir !

Chaque après quatres jours, sur le coup de 16 heures, allez donc savoir pourquoi, ma mère m'envoie chercher le lait à la ferme qui est à côté de chez nous.

Parfois en saison on voit passer le vacher et ses vaches, qu'il envoie brouter du côté de l'autre village de fois vice-versa où il y a de vertes prairies à côté de la colinne. Dans la petite boutique qui jouxte le portail, le lait mousse et fume encore lorsque j'arrive. Du vrai lait onctueux et mousseux qui vous orne la lèvre d'une paire de moustache. Pas comme celui du camp qui était coupé de deux tiers d'eau comme le TP Mazembe en noir blanc même un bébé saufait differentier!

C'est la laitière qui me sert en plongeant la louche dans le baquet pour la verser dans mon pot de fer légèrement cabossé je crois qu'il appartenait au grand père. Sur le comptoir en formica il y a une petite pyramide de faisselles de fromage blanc qui toise une grande motte de beurre frais.

- Sacré bon d'la ! Je tourne la tête vers celui qui passe sa tronche dans l'entrebâillement de la porte du fond. C'est Monsieur Gentil qui annonce que la « Marguerite » a une mammite (ou quelque chose comme ça !), ici presque tout est une innovation pour que ça nous sert bien.

- C'est rien petite coeur, tu diras à ta mère que demain il y aura des œufs frais et du lapin faite à notre manière (en réalité Ça c est le nyama ya pori) !

- Non de de la! beugle Gentil en claquant la porte ! Je veux aussi le montré que je connais des choses, c'est comme quand maman m'a envoyé chez le bouchier de notre coin. La boucherie de notre coin est une fabrication, il n'ouvre que sur son propre pragamme et besoin car tu peux y arriver la porte fermé au alors porte ouverte mais le gars n'a rien et il joue au jeu d'échec math; Paluku car c'est de lui dont je parles, à une encablure de notre maison en face d'une boutique je ne sais même pas le boss il ya tout un tat de gens à la fois par là.

- Lonjourbem ! me dit le patron en souriant. C'est une habitude qu'il a de me dire bonjour en langage de boucher sans s'interrompre de trancher, ficeler et peser en plaquant la bidoche sur la balance vraiment un ancien model.

- Elle était bonne la bavette et le reste de ces entrailles? Madame qui est à la caisse ne me laisse pas le temps de répondre.

- Qu'est-ce qu'elle prend ta mère, aujourd'hui ?

- Un roti pour quatre et des entrailles  pour mon Oncle, dis-je.

- C'est parti ! enchaîne le bouchier.

Il est super cool et courageux il n est pas trop comme le cordonnier qui lui se situe 500m probablement même de Chez nous, en face de la menuiserie de Goutte. Lorsque ma maman me demande d'aller porter des grolles à ressemeler, il ajoute,

- tu vas les porter chez « Tapeautour », c'est le surnom que dans le quartier on lui a donné à cause de sa femme qui ne cesse d'aller geindre de porte en porte et quémander je ne sais quoi !

Lorsque je pousse la porte le gong carillonne, - gling !

L'antre du père pour qu'il le touche vite « Tapeautour » sent la colle et le cuir. Des piles de godasses reniflantes, des galoches et des tatanes distinguées s'entassent sur des étagères de guingois. Il n'est pas possible de distinguer celles qui sont en attente de se refaire une santé, des tatanes toutes pimpantes prêtes à rejoindre les pieds de leurs propriétaires comme là c'est sa salle d'op et que celui qui y fait les lois, tellement une fine poussière grise les recouvre copieusement ! « Tapeautour » relève à peine la tête, penché sur son ouvrage éclairé par une lumière faiblarde, Il est entouré par une myriade d'outils, de petites enclumes et d'embouchoirs. Il est harnaché de son tablier de cuir, - ma salle d'op, a-t-il l'habitude de dire ! Le cuir porte les stigmates du tranchet pour couper la peau, des taches de poix et des piqûres de l'alêne.

- Voilà ! Monsieur, les chaussures à papa ! Même si je sais qu'il peut facillement deviner que c'est pour maman.

- C'est pour un ressemelage ?

- Oui, monsieur !

- Pose ça là ma petite bongeuse! Son langage ce n'est pas toujours une porte d'à côté.

- Tu diras à ton père qu'il les aura à la Sainte-famille comme je suis toujours de la famille dit-il en grimaçant un sourire et en caressant le cuir des pompes comme on flatte le cul d'une vache !

- Quoi ? - Rien ! Samedi matin elles seront prêtes.

- Au revoir monsieur ! - Gling ! - Gling !

Lorsque la boutique située à deux pas de chez nous où nous allons est fermée on se baguenaude jusqu'à celle du village voisin. On ne l'aime pas beaucoup car pendant qu'on était nouveau dans l'antité on y passait la matinée à faire la queue et en plus elle n'était pas très aimable, ici ce n'est pas comme en ville c'est tout le monde qui connait tout le monde.

C'est vrai que ce n'était pas notre boulangère attitrée et inconus il faut de fois se mefier tout comme les inconus peuvent cacher un dieu en eux, qui sait. Les manifestants, les collabos, les voleurs, les friqués et les traîne-misère, les rescapés de je ne sais quel camp ont tous un jour lorgné sur sa vitrine mais cela n'est l'excuse. Il n'y a plus d'interminables files d'attente pour se procurer du pain noir venu de Beni au Bubo. Elle n'aura plus à échanger ses galettes de son aux charançons sous le comptoir en échange de jambo, d'huile, d'essence, de savon ou de je ne sais quoi d'autre.

Elle regarde le plafond peint de sa boutique. Les angelots joufflus qui contemplent les clients au milieu d'une guirlande de nuages semblent aujourd'hui sourire ! Elle vend des baguettes et des bâtards croustillants comme ce boulanger de la Série la Reine, elle enveloppe des petits pains au lait et des croissants au beurre. Dans ses bocaux il y a des mistrals gagnants, des cocos, des grosses pomme rouges et dans sa vitrine les mokas et les religieuses au chocolat font des clins d'œil aux passants. Nous sommes en 2019 et c'est déjà loin l'occupation de Goma par les rebelles!

Je suis allé un dimanche déjeuner en ville chez les parents d'une amie de ma mère, Maria ! Ils sont aussi boulangers à côté de l'agence de voyage, alors nous avons ripaillé pour ne pas vous dire brichetonné jusqu'au soir dans l'arrière-boutique. C'était une histoire d'amour pour nous tous adolescent de notre âge même pas cela de vrai.

Après le « mille-feuilles » je me suis éclipsé avec un gaming de mon âge aux longs cheveux pour découvrir le fournil du patron.

C'est assis sur des panetons que j'ai compté mes premières fleurettes !

- Attention ! nous a dit le père de Maria, monsieur Chignard,

- Ne tombez pas dans le pétrin !

Moi, mon « calvin », c'est monsieur Lumoo, près de chez l'épicier, dans l'avenue du kabasha. C'est aussi celui de Papa donc du grand mère! J'ouvre la porte et aussitôt des effluves mélangés de lavande et d'une odeur de lessive, qui provient du fond où opère madame Lumoo, corsage souriant sous sa belle blouse rose bonbon, me prennent au nez ! Il faut attendre son tour assis face à une toute petite table avec une pile de magazines de photos comme chez le docteur. Il n'y a pas d'illustrés chez Lumoo, alors je jette un œil à droite et à gauche. Au fond ça cancane sous le séchoir où se trouve une dame avec une montagne de bigoudis sur le sommet du crâne.

Face à moi, monsieur Lumoo termine sa coupe, il donne des petits coups de ciseaux dans le vide avant d'attaquer d'un geste vif la dernière mèche qu'il fixe depuis deux secondes.

- C'est terminé, dit-il triomphant, - passons à la barbe !

Il sort d'un tiroir un coupe chou qu'il fait mine d'aiguiser sur son cuir pour la forme, barbouille le visage du monsieur de savon à barbe qu'il a fait mousser dans un bol puis d'un air détaché racle le savon sur sa peau. Attention à la coupure !

Mais non ! C'est fini ! Encore un petit jet d'eau de violette suivi d'un massage rapide avec le coin de la serviette, la présentation rituelle du miroir, et ça va être mon tour !

D'un mouvement du pied qui se veut discret, monsieur Lumoo pousse les mèches de cheveux coupés et de « barbe à poux »éparpillées sur le sol.

- A vous jeune fille dégusé en homme ! dit-il en me présentant le fauteuil du quidam qui est parti payer au comptoir de madame Lumoo !

- Comme d'habitude la brosse, bien dégagée autour des oreilles ?

- Heu ! Oui, monsieur !

Avec mon Calvin, on doit vite se quitté sinon C'est la merde ses parents sont passés par là ainsi que sa flopée de cousins et de cousines dont elle me parlait dans ses lettres. Il paraît que je suis trop sérieux et que je l'aime trop. Ça fait peur aux parents ces choses-là !

Pas question d'attendre : « Calvin amene toi ici, tu me veux de problème » retorquant son père.

- Tu es trop jeune ma fille, à ton âge tu devrais être plus raisonnable et penser à tes études - Combien de fois faudra-t-il te le répéter. Ce sont de vrais cons ses parents, à quoi il pense exactement à notre âge. Ma mère ne m'aurait jamais dit cela. Ah ! Merde, alors !

Dois-je conclure comme Lamartine que « Le temps du bonheur est très court, mais qu'il équivaut à un siècle de vie » ? Qu'elle connerie ! Comme si les gens heureux n'ont pas d'histoire, j'ai encore toute la vie devant moi, alors ! De toute les façons je dois rentre Chez nous il est temps pour moi.

Cette rupture, c'est pour moi une catastrophe. Je ne vais pas oublier Calvin de toute les façons. Il aurait dû dire à son père que nos rencontres se passaient dans une passion partagée, certes, mais naïf et pure. Ma timidité et son éducation de merde éloignaient de nous tout danger, mais calvin l'a-t-il seulement dit ? Je ne suis plus certain désormais de retrouver la paix de mon âme.

Pour unique héritage, Calvin me laisse le souvenir de belles journées ensoleillées où je n'ai cessé de l'admirer et d'aimer son humour. J'ai savouré ces moments de grâce mais tellement déroutants !

Un tour dans cet enfer; C'est ce soir là, je le vois dans chacun de mes rêves je me rappelle de ce samedi soir comme si c'était hier soir même si je n'arrive pas toujours à retracer ce séjour dans l'enfer. Pendant que nous nous sommes rendus au champs pour chercher la nourriture. Et là les bouchers en costume nous ont prises de force et nous a emmenées à la forêt de Madina. Arrivées là-bas, ils nous ont exigées de puiser de l'eau pour eux, de couper le bois et à la fin de tout cela juste à la to, ils nous ont confiées de force à certains hommes comme femmes. Mon mari était le chef des bouchers. Son nom, c'est Jamiri Mukuru. A 9ans et quelques mois forcé à connaitre un homme comme d'autres fillette que nous a raconté une dame qui nous a accueil larmes aux yeux. Julienne, Agée d'une trentaine d'années, cette femme frêle au regard fuyant vit aujourd'hui dans le cimetière vivante sans aider, criant sans voix pourtant. Cette ville de quelque 200 000 habitants, dans le nord de la province du Nord-Kivu (frontalière de l'Ouganda et du Rwanda), se situe au cœur du territoire où opèrent les bouchers en costume. Une zone d'action qui s'étend, à l'est, vers les contreforts neigeux des monts Rwenzori et la frontière ougandaise, et au nord vers l'Ituri, la province voisine.

Julienne se trouvait dans une église kimbanguiste (un culte évangélique congolais), le 14 février à Ndalya, aux confins du Nord-Kivu et de l'Ituri, quand des hommes armés ont fait irruption. Elle portait son bébé de 2 mois. L'un des assaillants a visé la tête de la fillette à bout portant. Il a obligé Julienne à laisser le corps par terre et à avancer avec les autres. « Maintenant tu n'es plus encombrée », lui a-t-il dit, raconte la jeune femme entre deux sang lots. C'est de cette manière qu'elle trouve pour nous décrire ces hommes sans Coeur.

– Après avoir marché dans la forêt dense du territoire de Beni, obligée de porter un colis de plus de 25 kg sur ma tête, je me suis arrêtée avec le reste de la colonne dans une clairière. C'était l'heure de la prière du soir. Ceux qui dirigeaient le commando étaient devant, nous étions regroupés d'un côté, les femmes et les enfants plus loin. Ils ont prié Allah, s'agenouillant face contre terre. Moi personnellement j'avais toujours l'image de mon enfant en tête. Plus tard, au moment du repas, il s'est constitué quatre groupes: les combattants, les femmes entièrement voilées qui nous accompagnaient, les chefs du groupe et nous sous bonne garde, que je n'arrivais même pas à parler à l'autre à côté de moi...

Avant qu'elle ne finisse, j'ai été appelé par cet homme qui m'a traite du n'importe quoi malgré mes douleurs quand J'ai tenté de resiste. J'ai vu du sang coulé dans mes cuisses que je n'arrivais plus à joindre, Elle m'a laissé tendu au sol avant de s'aller de l'autre côté où était un Groupe de gens que s'ignore. Et là J'ai entendu une voix: "*Si vous coupez les têtes de ces kafirs (infidèles) au nom d'Allah, Il sera content de vous et vous serez récompensé".*

Pendant un temps j'étais seul sans garde que je voulais partir cette nuit là malheureusement je n'ai pas pu me tenir même débout, j'ai dévèloppé un peu de la fièvre et un soir cet homme m'a amené les medicament venu je ne sais pas d'où puis il m'a demandé de le suivre et quelques pas nous avons rejoins les autres c'était la formation maintenant. Où J'ai croisé un grand frère d'âge.

– Au sein de la contre-société des bouchers les tâches sont partagées: "Des Somaliens apprennent aux adolescents les techniques de fabrication des bombes artisanales. Des Tanzaniens et des Ougandais s'occupent de la formation militaire et des enseignements du Coran".

Ici La loi est cruelle dans ces camps provisoires ou semi-permanents des ADF en pleine forêt ou dans la jungle.Un combattant accusé de n'avoir pas transféré à destination la totalité d'une somme a été condamné par un tribunal constitué de chefs ougandais et somaliens. "Sa main gauche a été coupée", les jours passent que je ne sais pas trop mes dates d'anniv probablement que ma pauvre mère le compte sur le bout de ses doigts au alors mes collegues de classe et mon père est-t-il de retour? Je sais pas où je passe mes nuits ni mes journées. Les journées sont rythmées par des prières au sein de "Medina", Nous nous réveillons à 05H00 du matin pour la prière à la mosquée. Après la prière, les chefs répartissent les tâches et les missions: les patrouilles pour les uns, les embuscades pour les autres. A 12H00 tout le monde rentre à la base pour la prière. Nous prions aussi à 15H00, 18H00 et 19H00. Avant d'aller en opération contre les FARDC ou contre les civils, nous faisons tout d'abord la +doua+ (invocation à Allah) en arabe, en tenues débraillées volées à l'armée sont coiffés les uns de calottes musulmanes, les autres de casquettes militaires. D'autres encore ont des foulards noués autour de la tête comme signe de reconnaissance lors des missions un tissu d'une même couleur, au bras, au poignet ou autour du front était toujours notre marque.

Chaque seconde ici est un tour enfer que je pries le seigneur de porte mon âme, je me vois dans un film sans fin où le seul rôle m'atribuer est une mort sans nom comme ce roman de Patricia. A chaque nuit quand je me couches je pries dans mon coeur :

Sous le poids de la douleur, j'ai recours à toi sainte Rita, si puissante auprès de Dieu, avec la certitude d'être exaucé. Libère mon pauvre cœur des angoisses qui l'oppressent et rends la paix à mon esprit accablé. Toi qui as été établie par Dieu comme l'avocate des causes désespérées, obtiens-moi la grâce que je demande à toi Dieu tout puissant, Suis faible sans ton intervention, ecoute ma prière, pardonne mes pechés, efface moi du livre de la mort et considere moi dans le livre de la vie. Toi qui dis,"Venez vous qui Etes fatigué avec de lourd fardaux et je vous reposerais" , donne moi la force de surmonter cette situation et je te resterais fidele, je te le demande au nom du tout puissant Seigneur Jesus Christ.

Si mes péchés constituent un obstacle à l'accomplissement de mes prières, obtiens-moi la grâce du repentir et le pardon dans le sacrement de la réconciliation.

Ne permets pas que je répande plus longtemps des larmes d'amertume.

Ô Seigneur, récompense mon espoir en toi et je ferai partout connaître la grandeur de Ta miséricorde envers les affligés.

Ô Rita, épouse admirable du Crucifié qui te fit don d'une des épines de sa couronne, aide -moi à bien vivre et à bien mourir.

Amen.

Aide-moi à bien mourir car la mort sera ma seule issu dans ce déspoir où le ciel m'a oublié, Combien de temps, Seigneur, vas-tu m'oublier ? » (Ps 12). Si seulement si seulement tu eloigne mon âme de tout Ça, suis orpheline dans le noir avec ma pauvre mère, aujourdhui les jours se coulent sur ma tête. Suis violée, les jours comme les nuit , Les hommes et les jeunes gens viennent dans notre tente pris en dortoir dans le noir, et ils nous violent - vous aviez tout simplement un homme sur vous, et vous ne pouviez même pas voir qui c'était. Si nous pleurons après, nous serons battues avec des tuyaux d'arrosage. Nous avions tellement peur que nous ne dénoncions pas les viols et même après de qui dans cette jeugle. La plus jeune des filles de notre groupe est moins d'âge que moi apparament et a été violée à plusieurs reprises dans ce camp.

Ils vous donnent une arme à feu, et vous devez abattre votre meilleur ami. Ils font ça pour voir s'ils peuvent vous faire confiance. Si vous ne le tuez pas, votre ami reçoit l'ordre de vous tuer. J'ai dû le faire, parce que sinon j'aurais été tué. J'en ai marre de tout Ça... si on les attrapait alors qu'elles cherchaient à s'enfuir, on leur frappait les mains et les pieds avec un bâton de bambou, ensuite elles étaient enchaînées et battues et frappées de nouveau et ensuite on les enfermaient.

Dieu merci, 23 juillet 2022 dans cette pluie dilivienne au milieux de la nuit alors qu'on était forcé à accompagner ceux qui devraient aller piller dans un marché, j'ai su m'en fuir dans un village que je ne sais exactement pas le nom, j'ai decidé suivre les colinnes pour vu que j'avance. Cette première nuit j'étais Obligé la passer dans une forêt où tout était possible, je ne hatais que de voir le soleil et compte mes jours au même mes sécondes avant ma mort pour par moi et être en famille même si je pourrais finir une diner pour le lion au quelque chose d'autres dans la forêt.

Je ne sais vraiment pas tout ce que j'ai tranversé pour être là, je ne garde pas des souvenirs claire de cet enfer qu'en miette même si cela fait partie de moi. Suis enfin arrivé dans mon village kabasha où je garde quelque souvenirs malgré mon séjour dans la jeugle, deux jours de marche à pieds que enfin arrivé dans mon village. Sur le trontroir les gens montent pendant que les autres descendent moi J'ai l'air perdu, suis un inconnu dans mon propre village quand je demande à une dame un peu d'eau.

–De l'eau? D'où viens-tu pour te promener sans chaussures dans la rue, tu ne sais pas que tu peux te blesser même as-t-elle ajouté en me glissant un verre d'eau.

–Merci madame, au revoir.

– Jeune fille arretez vous, m'avait dit un homme juste avant que je franchisse leur cour.

– Oui Monsieur, je ne dois me depeches pour arriver chez nous car il va faire nuit ma mère doit être impatiente de me voir comme mon petit frère Teddy.

– Teddy as tu dis?

–Oui Monsieur c est mon petit frère.

–a eeeee ahaaaaaa je vois petite fille, tu devras faire attention de te promener la nuit je comprends que tu es nouvelle dans notre village.

Je me suis prespite à reprendre ma route mais pendant ce temps J'ai une truille en tête celle de savoir pourquoi Teddy mon frère le papa le connais déjà au alors il a fait quoi du mal déjà trop jeune. Mais je crois bie... Avant je ne respire :C'est Erick le petite frère à ma copine de classe et voisine Nicoles.

– Isaa!! Comme les amies et maman m'appelait. C'est toi que je vois je suis plein rêve, dis moi sinon je ne veux pas croire au père Noël.

– je m'y attendais le moins que j'ai grogné eeee aeeee me connais-tu? Je crois que moi je te connais mon chéri Erick.

– Oui Oui te voilà malgré tout, Comme il est dit dans la Sainte Bible : tout nous arrives selon le plan de Dieu viens s'il te plaît dans mes bras je ne crois pas que Ça peut être réel après ce que nous t'avons si cherché Nicoles et ta famille quand elle était encore avec nous mais envain.

– Ma famille est parti où et depuis quand. Teddy fait les humanités maintenant? Malgré mon instance, Erick est vraiment buzzard que je n'arrive pas à le comprendre pendant qu'il est mieux placé pour savoir tout de ma famille et malgré son âge Teddy est un garçon comme lui.

Nous avons avancé tous deux avant de voir Erick fondre en larme.

– Nous n'allons pas plus loin nous sommes arrivé car nous avons demenagé pour ici, m'indiquant une porte. Viens nous allons saluer mon père ensemble je crois être rendre du cimetière où nous avons enterré maman. Elle n'a pas survaicu aux viols qu'elle a eu pendant qu'elle revenait du marché un mois après après l'incendu de ta famille et pour la question de Teddy il doit être en ville car ton Oncle était venu le prendre une semaine après.

Une semaine après quoi et ta mère vous l'avait pas amené à l'hopital... Erick C'est qui cette fille cette nuit, tu vas nous amener le problème toi. c'est Monsieur Mwisa qui n'a même pas attendu que j'entre Chez eux ni que j'achève ma phrase.

– Non Papa, Isaa la petite fille amie à Nicoles portée disparu plus de 2ans maintenant J'ai été surpris comme toi que je ne suis pas arrivé à réconnaitre son visage tout de suite comme vous. Je benis le seigneur de nous la rendre je crois elle va nous dire d'où elle vient.

Ce n'est pas vrai Erick! Ma fille bienvenu tu nous a laissé le Coeur brisé comme tes maman et ta grand mère. Je viens a peine du cimetière de ma femme quant à ta mère, grand mère et les autres du village ils ont été mise en terre il y a plus de cinq mois maintenant. Dieu merci à ton oncl.....

Je ne crois pas à ce qu'ils disent que seul Teddy me dire, de quoi il s'agit et le nom exactement de ce film que je n'arrive pas à trop à trouver un titre ni réconnaitre le réalisateur que quand on m'a présenté la nourriture malgré ma faim J'ai vraiment besoin de plus que ça: une mort me soulagerais de tout ça Voilà ce que j'avais à dire.

Le lendemain matin, j'ai quelqu'un à la porte même si je n'arrive pas à me réveillé de ce putain de lit sans someil. J'ai fait une nuit blanche pleine de cochemars aux yeux ouvert. Je n'ai pas vraiment envi d'ouvrir même Nicoles que nous avons partagé le lit cette nuit là a laissé la porte mi-fermée.

– je ne la deranges pas, vous la laisses se repose nous allons l'attendre ici. Nous ne sommes pas pressé pour n'est pas l'attendre.

Je me suis enfin réveillé avant de voir deux homme et trois jeunes garçons assis au salon, le plus âgeux est venu vite vers moi c'est l'oncle "Bienvenu ma fille tu es tout ce me reste toi et ton petit Teddy que voici " avant de se fondre en larme lui aussi et me serant trop contre lui. Je me suis senti un peu reconforté que je me suis mis à un peu parlé de cet enfer...

Teddy dis exactement à ta soeur ce que tu sais de la mort de maman et grand mère, soit fort tu es un homme comme nous ici.

– C'était une belle journée ensoleillée d'avril, il y a cinq mois maintenant . Je faisais une promenade à vélo avec mes parents avant que cette nuit la tombé sur ma tête. Maman et Grand mère étaient assise au salon que j'ai entendu le coup de feu chez nos voisin que j'ai couri au salon vers maman quelques minutes après les gens armés forcent la porte de notre maison et aussi tôt maman alerte au secours. A force d'insiste grand mère a ouvert la porte et c est quatre homme et une femme qui debarquant chez nous.

Après quelque disputes, j'ai entendu un homme dire fanya kazi, "*Si vous coupez les têtes de ces kafirs (infidèles) au nom d'Allah, Il sera content de vous et vousserez récompensé".* et aussi tôt dit la grand mère a fait une diarhée sur place que leur chef a ordonne qu'on nous attaches le bras sur le Don...

Je vis aujourdhui comme si c était hier que je me rappelles maman m'a fait un clep d'oeil pour me glisser sous la canapés que j'ai excuté pendant ce temps J'ai entendu Grand-mère dire pardon pardon ne nous fait pas du mal au nom de Dieu.

Bouuuu bouuu C'est le coup de feu je crois c était grand mère et quelques minutes plus tard je vois du sang coulé du côté du canapés que j'ai eu plus peur et J'ai trop tramble

Je me suis retrouve juste un matin à l'hôpital, J'ai eu une fracture du crâne ainsi qu'une importante commotion cérébrale. Je me suis réveillée trois jours plus tard. Mes premiers mots ont été "mamoune" et "Gadyy-mère"... "Ils se reposent", m'a répondu l'infirmière. Elle pensait certainement bien faire, me croyait trop faible pour apprendre la nouvelle. Mais je me sentais encore plus misérable et abandonnée. À cause de ma commotion, je souffrais de vomissements. J'avais mal et j'étais seule. Je voulais voir mes amis après toi que je n'ai pas connu tout comme mon père, pas les oncles venant de Bubo chaque matin et tantes qui veillaient à mon chevet avec un regard triste. C'est seulement après trois jours que l'une de mes tantes a réussi à convaincre l'infirmière que je devais être mise au courant: je n'arrêtais pas de demander quand je pourrais les voir. "Tes parents sont morts" m'a-t-elle déclaré froidement. Le sol s'est dérobé sous mes pieds. Je ne parvenais pas à y croire. Au départ, j'étais en colère. Contre tout le monde. Contre mon corps qui souffrait, mes parents qui m'avaient laissé tomber.

Pendant ce temps mon petit frère est un petit garçon de 8ans, incapable de gérer des émotions aussi terribles, brutale comme Celà.

– J'ai demandé une couverture car j'avais froid, puis je l'ai jetée car le lit était trop chaud. Je ne voulais ni manger, ni parler, je ne voulais plus vivre. Seulement sentir les bras réconfortants de ma mère autour de moi et entendre la voix rassurante de ma grand-mère que j'avais l'habitude d'appeler mon père. Mais ce n'était plus possible. Et ça ne le serait plus jamais. Je n'étais plus l'enfant de personne. Cette voiture qui roulait beaucoup trop vite a fait de moi une orpheline. Ma famille a fait de son mieux pour m'épauler. Un oncle ou une tante dormait chaque nuit auprès de moi, on s'assurait que je ne sois jamais seule et je recevais de nombreux cadeaux. Mais ils ne pouvaient pas m'offrir la seule chose dont j'avais vraiment besoin: une explication, un sens à tout cela. Mes parents et moi n'avions jamais discuté de cette possibilité, jamais parlé de la manière de procéder si un tel drame se produisait. Je n'ai pas été autorisée à assister aux funérailles. J'étais sans cesse tenue à l'écart. J'étais une enfant, et je ne savais pas ce qu'on attendait de moi. Je ne voulais empirer la douleur de personne, ni faire pleurer qui que ce soit. Je me suis donc tue. Comme tout le monde autour de moi. C'était irréel."

J'ai su fuir rentre chez moi mais en réalité je ne suis pas la bienvenu dans ce monde si cruel que mon seul père et petit frère a eu a subir tout ça si petit que je pourrais pas être là pour lui ni Papa qu'il n'a Jamais connus voir le grand-père. L'oncle a démandé que je Sois admise à l'hôpital pour le soin avant de nous trouver un pschologue mais à quoi ça sert tout pour nous, enfants sans parents et sans adresse pour les autres ont leurs parents pauvres au riches. Et bien même à quoi Ça servira de vivre cette vie?

Après quelques cures d'antibiotiques j'ai été autorisée à quitter l'hôpital sou Cefixime 400mg que je devais prendre deux fois par jour, Parol que je devais aussi prendre un comprimé trois par jour cela après un séjour de deux semaines d'hosp. J'aurais dû être heureuse de rentrer enfin à la maison en famille après tout ce qui n'est arrivé chez les bouchers, mais pour moi, ça voulait dire devoir accepter cette horrible réalité. Ou était ce désormais, chez moi? Cela peut sembler incompréhensible, mais à l'âge que j'avais, perdre la vie que je connaissais était encore pire que de devoir affronter le monde sans mes parents pour me soutenir. Je suis finalement partie habiter avec une de mes tantes qui avait deux enfants filles de mon âge. Mon frère a , eu aussi , été envoyés chez une autre de mes Oncle maternelle. "Ce sera plus facile", m'a-t-on dit. J'ai donc perdu mes parents, mais aussi tout semblant de famille. Quand mon frère est venu me dire au revoir, ça a été terrible. Quoi que les jours passent, je ressens toujours l'affreuse sensation de ce moment. Cette séparation était presque pire que de devoir me dire que mes parents ne reviendraient pas. C'est vraiment à ce moment-là que j'ai compris que plus rien ne serait comme avant. Je me suis glissée dans le lit superposé de ma cousine, elle en haut, moi en bas, et je me suis dit: ça y est, je vis maintenant dans cette maison, avec une famille que je ne connais pas très bien et que je dois maintenant voir comme la mienne.

Je serai éternellement reconnaissante envers le père à Nicoles, mon oncle et ma tante de m'avoir accueillie chez eux, mais j'ai été déracinée. En tant qu'enfant, votre vie est déterminée par les personnes qui vous entourent. Et toutes mes références, tous mes phares avaient disparu. Je me couchais le soir en songeant:

Je ne suis plus ni la fille ni la sœur de personne. Alors qui suis-je maintenant tout comme mon frère qui n'a que quatre de moins que mon âge?

Enfant, je n'étais pas pourrie gâtée, mais j'étais la petite dernière qu'on couvait et qui a grandi dans un bain d'amour malgré la séparation brusque de mes parents. La fillette unique de ses parents, timide et très aimée. Quand je songe à ma mère, je repense à son caractère attentionné et à sa volonté que tout soit bien fait, bien rangé. Femme au foyer, elle mettait les petits plats dans les grands et cuisinait les légumes de notre jardin. Le vendredi soir, je l'accompagnais au marché et je pouvais manger des chips, de fois elle m'envois Seul paye du lait qui me dessine la mustache. Mon plus beau souvenir semble tout droit sorti d'un film. Je la revois, chantant en faisant la vaisselle. Quand j'imagine mon père, je sens l'odeur des petits pains tout chauds. Il en ramenait chaque dimanche de la boulangerie et les posait sur le rebord de la fenêtre du salon. Je me rappelle comment je grimpais sur ses genoux de mon pauvre père à quatre an et à quel point je me sentais en sécurité dans ses bras qu'il me disait souhaiter me voir resté toujours petite et minuscule dans ses bras pour qu'il me protéger toujours.

Je sais que la vision que j'ai de mon enfance est sûrement romancée. Mais c'est en se retrouvant loin de sa famille qu'on réalise à quel point on aimait ces petites traditions et ces rituels. Mon oncle et ma tante avaient leur propre quotidien et leurs habitudes. Et je reste à part seule dans mon monde où je me fais des films faite des souvenirs que même pas dans un rêve seront revu. Et bon petit quel souvenir il a de notre famille de nos parents en particulier lui qui n'a même pas vu notre père. Auprès d'eux, j'essayais d'être aussi invisible que possible. Tandis qu'à l'école c'était tout l'inverse. Je ne voulais pas être "la fille qui a perdu ses parents" alors je me montrais extravertie, spontanée et bruyante. Si ma mère et mon père m'avaient vue, ils n'en auraient pas cru leurs yeux, tant j'étais différente de celle qu'ils connaissaient. Les jours devenaient des mois. Et nous ne parlions toujours pas de mes parents. Je me rends parfois au cimetière et cela me semblait étrange. Je n'étais pas allée à leur enterrement ni même savoir exactement quand elles sont morte, pour mon père je ne sais pas exactement s'il est mort au s'il reviendra en fantom. Comment être sûre qu'ils étaient bien là parmis ces enterrés? Couchée dans mon lit, il m'arrive de leur parler puis de me mettre à pleurer. Mais à part ça, je garde ma peine pour moi et moi seule. Comme n'importe quel enfant de mon âge, j'ai besoin de quelqu'un capable de me guider et de me montrer la voie. Je réalise aujourd'hui que cette impression de ne plus appartenir à rien ni personne m'a handicapée pour le restant de mes jours sur terre.

Je vis ici comme dans un film, sans télèphone nous avons progressivement perdu le contact, à l'exception d'une lettre occasionnelle venant de mon frère à Goma. Et de temps en temps il venait me rendre visite, il faisait de son mieux quand l'oncle avait la possibilité de le faire voyagé. Mais notre lien déjà fragile à cause de la différence d'âge et du fait qu'il était un garçon s'est encore affaibli avec la manière dont nous avons géré notre deuil je crois car je pouvais rien faire aussi tôt arrivé dans mon village et aussi J'ai dit rester ici prêt du lieu où sont enterré maman et grand-mère. J'avais vécu neuf ans avec eux, trop peu à mes yeux. J'ai toujours tenté de garder une relation avec mon frère. Il était le seul à me relier à mes parents. Le voir s'éloigner m'a rendue très malheureuse de plus en plus. Je sais que les frères et sœurs s'affrontent souvent et ne s'entendent pas forcément. Mais le traumatisme que nous avons vécu a rendu notre histoire encore plus compliquée que de fois j'y crois pas personnellement.

J'ai mis longtemps à poser à mes cousins les questions qui me brûlaient les lèvres. À quoi ressemblaient nos parents? Comment était l'enterrement? Pourquoi a-t-il fallu vendre la maison? Pourquoi n'ai-je pas pu conserver plus d'objets? C'est seulement maintenant que j'ai osé avouer ma colère à propos de nombreuses choses, et qu'ils m'ont enfin donné les explications que j'attendais. Ils m'ont raconté que tout s'était fait dans l'urgence. Qu'ils avaient pensé agir comme il le fallait. C'est uniquement aujourd'hui, avec l'aide d'une thérapeute, que j'ose m'avouer que peut-être préfèrent-ils aussi ne pas se rappeler tous les détails. Heureusement, ils me racontent nos parents: les anecdotes, les histoires, les souvenirs. Le cousin que je prend pour mon frère aîné m'a récemment ainsi expliqué avoir un jour été au cimetière avec maman. Et qu'elle lui avait dit que, lorsqu'elle mourrait, il faudrait mieux prendre soin de sa tombe que certaines qu'ils avaient vues ce jour-là. J'aurais voulu savoir ça plus tôt! Aujourd'hui, je vais toutes les semaines la nettoyer. Mon grand frère a compris que je veux tout savoir d'eux, tant ce qui est beau que ce qui est douloureux pour moi car demain probablement mon petit me démanderait tout ça.

Maintenant j'ai peur de mourir comme mes parents, blessé mon petit frère ma seule famille, mon sang.

Je suis devenue maman il y a 1ans. Et plus ma fille grandit même si son père rester un parfait inconnu qui m'a violé dans la jeugle et que le médecin m'avait demandé si je voulais avortó Comme je ne connaisse pas son père. plus elle grandit plus je pense à ma mort. Cela peut sembler étrange aux autres mères, mais j'ai plus peur de disparaître que de perdre mon enfant. J'aime ma fille plus que tout et je ne veux vivre sans elle à aucun prix. Je sais aussi que je suis forte et capable de survivre au pire des chagrins. Mais je ne peux pas supporter l'Idée que ma fille doive endurer la même chose que moi. Pas avant ses 18 ans... Je veux tout lui offrir, tant que je le peux. Je veux la combler d'amour, qu'elle se sente totalement en sécurité. Lui apprendre qu'elle peut être elle-même, toujours et partout, et qu'elle doit être forte. Je veux rester près d'elle, de préférence le plus longtemps possible. Ma plus grande angoisse est de mourir et qu'elle n'ait plus de Maman même j'ai aucun nom pour signifie le caractère de ce batard qui m'a enceinté. Et je me demande à chaque voyage si cela en vaut vraiment la peine de la laisser dans le bras sous la garde de quelqu'un d'autre. Dois-je partir Kinshasa avec des amies? Et si l'avion s'écrase? Et s'il y avait un attentat?

Il m'arrive de faire des cauchemars dans lequels ma fille m'enterre. Heureusement ces pensées ne m'empêchent pas de vivre pleinement. Cela aussi, je le dois à la perte de mes parents. Ils avaient à peu près le double âge que moi aujourd'hui lorsqu'ils sont décédés. Je sais que la vie peut être aussi courte qu'intense et j'essaye donc de l'apprécier au maximum.

J'ai bien sûr déjà réfléchi à ce qui arriverait à ma fille si je disparaissais. Depuis que je ne connais pas son père, le risque de mourir ensemble est devenu quasiment inexistant. Curieusement, cela m'aide à être en paix même si les voisins me disent que j'ai porté un demon mes 9 mois. C'est une belle fille, un innocent dans tout ce que m'est arrivé et si le seigneur me la donne ce qu'il sait pourquoi je devais porté un enfant que j'ignore ses identités je sais qu'il prendrait bien soin de moi malgré tout ça. Je n'ai donc pas nommé d'autre tuteur. Et je veille à ce qu'elle ait suffisament de gens autour d'elle pour l'épauler. Elle n'a pas de grands-parents mais elle a mon petit frère, nos amis, mes oncles. Je veux qu'elle ressente tout l'amour qui l'entoure. D'où il vient m'importe peu. Je suis convaincue que l'on se remet de la mort de ses parents en se créant une deuxième maison, une deuxième famille. Et cela m'aurait tant aidée de pouvoir parler d'eux, d'évoquer leur souvenir, essayant d'oublier ces bouchers même si ces douleurs me reviennent en tête quand je vois un soldat passé prêt de moi même pour me un bonjour.

On m'a conseillé de voir un pschologue regulierementt mais depuis un temps j'y portais moins d'attention.

J'ai consulté un thérapeute pour la première fois. Je me sentais enfermée dans ma peine. Il m'arrivait aussi de me mettre en colère, parfois sans raison, et c'était lié à ce que j'avais vécu ce que m'avait dit le pschologue. Lorsque les gens me trouvent négative, je me dis intérieurement: n'est-ce pas logique vu mon histoire? Il n'est pas facile pour les autres de percevoir l'intensité de mon chagrin. Après tout ce qui m'est arrivé en plus perdre ma mère, Moi aussi je serais triste si je perdais ma mère. Je m'entends très bien avec elle me dit-on souvent. Même s'il serait inutile de comparer les différents degrés de douleur, ce que je ressens, c'est l'impression d'avoir un gouffre en moi. C'est n'est pas seulement la disparition de mes parents alors que j'étais très jeune, mais aussi de mes repères et mon identité. Le sentiment d'avoir un manque fondamental. Même après des années que j'ai été violé nuit et jour, ma famille, je ressens parfois encore au fond de moi la petite fille de 12 ans qui vient de s'échappé entre les mains de ces bouchers après une longue souffrance et qui a besoin d'être soulagé par sa famille pour recevoir cet amour dont elle a besoin mais qui est accueillie par les tombes de sa famille.

Si seulement je pourrais leur dire à dieu mes pauvres...

C'est aussi très différent de voir ceux qu'on aime mourir soudainement ou et surtout sans avoir eu le temps de leur dire au revoir. Je sais que chacun le vit différement et que beaucoup préfèreraient une fin rapide que de voir leurs proches souffrir. Mais j'aurais tant aimé pouvoir leur dire adieu. J'ai récemment écouté pour la première fois une cassette enregistrée par mon père. Mes premiers mots. On m'entend babiller avec mes frères. Puis arrive la voix de mon père et de ma mère. C'est mon bien le plus précieux. Si je savais que je devais mourir bientôt, j'en enregistrerai des centaines pour ma fille. Je lui dirais à quel point je suis fière d'elle, et que tout ira bien. Peut-être ai-je vécu trop longtemps dans le passé, manqué trop de choses. J'ai passé des années à souffrir du manque de l'approbation de mes parents, à imaginer leurs réactions.

En secondaire, lorsque j'avais des mauvaises notes, j'étais déçue par moi-même. Maman et Papa auraient surement trouvé ça très grave car pour eux suis leur super genie, disais-je en pleurant à ma tante. Alors qu'en fait, ils auraient peut-être trouvé ça sans importance. Je veux transmettre cela à ma fille. Lui faire comprendre qu'elle est très bien, qu'elle n'a pas à jouer les grandes ou à être la meilleure. Et que je l'aimerai toujours, comme mon père: je la veux toujours petite et minuscule dans mes bras enfin que je la protege pour toujours...

# Deuxième partie

# 6

# Cette porte que je ne devais pas ouvrir

Je t'aime parce que tout l'univers a conspiré à me faire arriver jusqu'à toi". "Il n'y a rien de plus précieux en ce monde que le sentiment d'exister pour quelqu'un.

Il n'y a qu'un bonheur dans la vie, c'est d'aimer et d'être aimé: Aimer, c'est savoir dire je t'aime sans parler.

Ce sont toujours les mêmes personnes, les mêmes musiques. Le bois collant du comptoir, les verres qui s'entrechoquent. Je repère les habitués, les saisonniers et la pénombre au fond de la salle, où personne ne va, sauf moi, très tard, quand je ne tiens plus. Je ne le vois pas encore mais je perçois le Bruit de ses bottines, il martèle le sol, mon cœur et ma vie et je ne m'y fais pas, ma gêne décuple mon excitation, je croise et décroise mes jambes pour me donner une contenance. Je m'étais juré de ne plus venir, aller en boite de nuit tout comme tout ce qui va avec. Mes amies s'égaient lorsqu'il s'approche enfin, l'une s'écrie qu'elle a soif, une autre propose une planche mixte, je les laisse délibérer. Je n'ai pas encore réussi à émettre le moindre son. Son corps me surplombe et je ne m'accroche à rien, une absence derrière la rétine, un léger plissement où une fine lueur de désir que j'invente peut-être. Cette scène se répète à l'infini, je ne suis qu'une femme perdue dans un bar qui n'existe plus comme dans cette jungle sans nom où j'ai passé mes jours et nuits.

Il y a six mois de cela, je suis tombée amoureuse comme on tombe Malade, dormir une nuit et vous reveiller malade. Il m'a regardée, c'est tout. Dans ses petits yeux bleu, dans leur promesse et ma renaissance, j'étais soudain atteinte d'un mal incurable ne laissant pré-sager rien de beau ni de fécond. Son regard était la goupille d'une grenade made in chine, un compte à rebours vers la mort programmée de ma famille était lancé sans me rendre compte.

Au début, la maladie était invisible par mon entourage. Mon attitude n'a pas changé du jour au lendemain, je n'ai pas perdu tout de suite mes cheveux, ma joie de vivre ni arrete de penser une seule seconde à mes enfants au Imaginer son père. Je m'occupais des lessives, des repas et de l'agenda, je m'intéressais aux vacances et laissais encore mon mari me toucher. Un seul symptôme m'a frappe immédiatement : je n'étais plus capable d'écrire des livres. Impossible de demeurer concentré, mon euphorie secrète rendait tous les textes fades et inutiles. Le reste, la perte de l'appétit et du sommeil, combinés à une excitation démesurée, m'a paru au contraire exaltant et bénéfique. J'étais sous l'effet d'un médicament puissant, entre l'amphétamine et l'opioïde, de ceux qu'on administre aux condamnés en Europe. Blottie dans cette fête intérieure sans invitation qui n'intéressait que moi, je me jugeais la plus Heureuse et chanceuse à la fois. Il revient avec un plateau dans chaque main. Il chante à tue-tête. Son aplomb me déstabilise. Je ne sais jamais où est la part de vrai dans tout ça, où est ce film d'amour impossible. Il parle fort, il boit trop, il s'énerve vite. Et moi je le regarde comme une gamine devant un feu d'artifice au Stade Amahorho lors du Chan quand la RDC avait battu le pays de kagame dans son propre stade, c'est comme dans un rêve de vrai.

Une fois mon verre en main, je l'observe à travers.

Je me trouve discrète, feignant de boire pour mieux le détailler, je veux le deshabiller sans le toucher : je n'aurais qu'à noyer mon regard dans le vin rouge comme un piment rouge s'il venait à le croiser. Il a une barbe et des tatouages sur l'avant bras, je n'ai jamais aimé les barbus, pur les tatoués. Il attrape deux verres brûlants pour les glisser dans la rampe métallique au-dessus de sa tête puis il sort une bouteille du frigo derrière lui.

Ses ongles sont rongés et son annulaire est gonflé sous une chevalière dorée et noire, on dirait la bague de cet acteur principal dans Scott Pilgrim lui qui n'a Jamais manqué d'amies ; personne n'oserait porter un truc pareil. Une bague qui grésille et qui siffle, je pense au film. La bague ne peut pas être ici et là-bas... Ici, et là-bas. L'écho du film se superpose à ses doigts que je n'ai pas quittés des yeux que je me trompe même sur le vrai nom de ce fameux filme d'une bague magique. Il rebouche la bouteille, en sort une autre. Il s'affaire pour mieux surveiller son établissement, il dose l'ambiance. Il marque une courte pause puis lève soudain les yeux vers moi. Surprise, je détourne le regard. Il reprend alors ses gestes automatiques, affichant un nouveau sourire que je m'attribue sans raison ni preuve. Puis il continue sa valse, déplace les verres, les vides et les pleins, puis d'autres, abandonnés, remplis de liquides divers.

Tous ces verres virevoltent et tintent, ce sont des ballons remplis d'un air qui m'est offert. Quand j'irai fumer une cigarette dehors, il viendra me l'allumer et repartira sans un mot, il est charismatique et authentique sans oublié sans fort : toujours calme et silencieux. Voilà comment j'ai laissé la maladie me gagner et me faire ses lois.

Aujourd'hui, je n'arrive plus à embrasser mon mari ni à jouer avec mes enfants. Cet homme me dévore sans jamais me voir, il a tous les pouvoirs. Je m'humilie chaque jour un peu plus, je le guette, lui écris, lui mendie un rendez-vous. Je suis sous son joug. Exté- nuée de ne plus dormir, j'attends le coup fatal et la délivrance de ce désir inassouvi. Plus rien d'autres ne compte pour moi. Je pensais aimer les livres, le lac et l'alcool, je pensais aimer la fête, les restaurants et les soirées galante, je pensais aimer le bruit et le voyage , mais je n'aime plus rien de tout ça, je ne trouve l'apaisement que dans le martèlement de ses chaussures quand il marche vers moi.

Les verres sont vides et notre départ prochain annonce ma tristesse. Il prend ma facture et me fait payer un montant nul. Une fossette de malice se dessine sur sa joue droite, mes amies n'y ont vu que du feu. Je le remercie d'un mouvement de cils, j'ajuste ma veste et je fais comme les autres, je déglutis cette dernière liqueur qu'il nous offre en réprimant une grimace, je pose le shot vide sur le comptoir en per-çant ses rétines, puis je quitte le bar en luttant pour ne pas me retourner. Je vais attendre la fermeture au coin de la rue ; merde! il ne me rejoindra pas.

Je n'aurais jamais pensé tomber amoureuse d'un barman. Un barman, oh le cliché de midinette ! J'aurais pu tomber amoureuse d'un Docteur, d'un éditeur, d'un politicien. J'aurais pu ne pas tomber amoureuse du tout, poursuivre le reste de ma Vie comme elle avait commencé. Non, il a fallu que je glisse dans un puits immense, aux échos grisants et douloureux. Il a suffi d'une promenade en famille, ces temps dernier. Il n'a rien fait d'autre que me regarder, c'est son seul crime. Ses yeux ont glissé sur moi, de bas en haut, sur le nourrisson que j'avais dans les bras, nourrisson évoquant la ligne brune de mon ventre mou et mon bassin élargi, sur la petite fille à qui je tenais la main, sur la grande que je hélais par son prénom pour qu'elle nous attende, puis sur mon mari. Il m'a dit bonjour en plaçant sa tête en italique. J'ai souri, pleine de cette aura que me conférait ma récente maternité. Nous nous sommes installés tous les cinq en terrasse, il est venu prendre la commande, nous a félicités pour le bébé, et au moment où mon mari dépliait la poussette un peu plus loin, il a déclaré : « Vous êtes le plus beau couple de la ville ! » ; puis il a ajouté en souriant : « Je dis ça pour ne pas dire que vous êtes la plus belle. » Je l'ai remercié comme j'ai pu, entre politesse, gêne et gravité.

Depuis ce jour, j'ai cessé d'avoir, d'être et de lire ni écrire, je n'ai pas eu froid, je n'ai pas ressenti la faim, j'ai cessé de m'occuper de ma famille, je n'ai plus rien fait d'autre que penser à lui, si je l'ai fait, c'était malgré moi.

Au moment d'entreprendre ce récit, je ne suis plus certaine de rien. Je sais seulement que cette rencontre a ouvert un rideau sur le spectacle le mieux gardé de mon existence, le ballet foisonnant et mystérieux des hommes de ma vie, la ronde de ceux qui m'ont bâtie. Lui ressemble à tous mes pères, les vrais et ceux de substitution. Ces hommes se tiennent la main sans se connaître, ils sont entrées dans mon univers et m'ont fait rire, ils m'ont vue grandir puis sont partis sans me dire au revoir et je ne leur en veux pas. Ni eux ni moi n'avions alors conscience du caractère définitif du départ. Il est l'homme de mon enfance et celui de mes origines, de mes voyages, de mes vins préférés, ceux des dimanches pluvieux, avachis devant le téléviseur, qui me tenaient la main en forêt pour m'éviter de glisser, ceux qui me déposaient en voiture quelque part sans s'inquiéter de mon sort ou m'emmenaient au restaurant pour faire passer le temps. Dans son parfum, qui met des heures à s'évaporer quand il ose m'embrasser, je les réunis tous.

Rachel, une amie de longue date alors que nous venions d'une promenade entre femme m'a relate l'histoire de sa mère qui pour elle est la plus courageuse de femme, j'ai vraiment eu plaisir à l'ecouter.

– Ecoutez ma copine, tu dois suivre ton coeur et ne cede pas à ta peur. Je comprends votre histoire comme cette Blague de mon ami qui vit à Goma lui qui me dit n'est pas avoir peur de rien : nous on a peur rien nous vivons dans une ville où même le diable ne peut pas nous faire peur, au nord nous avons un decideur Monsieur le volcan, au sud Monsieur Gaz methane, à l'Est un voisin sans Coeur le Rwanda de kagame sans oublié le M23, ADF sans dire plus. Tu vois pourquoi nous on a peur de rien.

Alors je veux que tu sois courageuse comme cet ami et ma mère. Ma mère un jour me dit: Enceinte de moi, maman avait déjà un amant. Je ne me souviens plus de l'élément déclencheur de cette confidence. J'étais trop jeune pas même adolescente, on discutait des garçons et des hommes en préparant le repas ensemble. Le secret est sorti comme ça, entre le moment où elle râpait des carottes et celui où elle a mélangé l'huile au vinaigre de vin. Un secret ne tient à rien. Les mots sortent toujours malgré eux, impossible de les retenir. Je ne me souviens pas avoir réagi outre mesure, j'ai feint l'étonnement et l'admiration pour ne pas la froisser, sans doute ai-je tourné le dos pour arborer une moue condescendante. Elle me dévoilait son intimité quand la mienne n'avait pas encore commencé. Se doutait-elle que ce secret vénéneux, plus que tous les autres, se logerait au creux de mon ventre et qu'il fleurirait comme une glycine autour de mon cœur, de mes seins et de toute mon existence de séductrice ?

— Il m'a dit que j'étais la plus belle femme enceinte qu'il ait jamais rencontrée. Ton père ne me touchait plus, la grossesse le dégoûtait. Un autre regard que celui de mon père rendait ma mère radieuse. Son bonheur perfusait mon sac amniotique. J'ai connu le goût de l'amour interdit avant celui du lait. Il s'appelait Yves. Avec mon frère nous l'appelions Vasy. Il était cool, Vasy. Toujours de Bonne humeur, il portait des Temberland– jux –, il avait des cheveux longs, blonds et bouclés, des yeux clairs. Un mélange de Renaud et de Boucle d'Or, une ancienne version de Julien Doré. Il chantait, ne s'énervait jamais. Petite, j'ai adoré cet homme. Il fait partie de mes premiers souvenirs. Il se serait coupé une main pour me faire rire, il me passait tous mes caprices et prenait un temps fou à Placer du beurre dans mes radis sculptés en forme de roses. Il les tamponnait délicatement dans le sel avant de me les offrir, s'il l'enlever où je ne sais pas même. Il paraît qu'il m'a appris le nom des arbres et que je les récitais par cœur à trois ans. Il mimait le chien aussi, et rien ne me plaisait autant que de grimper sur son dos comme s'il était un cheval dans l'immense escalier de la maison de maître de mes parents. Il était tout le temps chez nous. C'était un ami, c'est comme ça qu'on nous l'a vendu à mon frère et à moi. Je l'aimais aussi parce que maman était heureuse avec lui, parce qu'il était disponible, parce qu'elle riait davantage en sa présence. Il était chauffeur. Une fois, maman a réussi le coup de maître de partir en vacances avec lui et papa. Ce dernier m'a souvent dit à propos de ce voyage : « Chaque jour, je regardais voler dans le ciel les avions du retour », façon détournée d'exprimer sa souffrance et d'éviter le scandale. Maman n'était ni fourbe ni cruelle, elle voulait les deux, elle en avait besoin pour maintenir sa joie de vivre, offrir de l'énergie à son mari et à nous ses enfants, pour qu'on l'entende chanter le matin en appliquant son rouge à lèvres, pour qu'elle nous inonde de bienveillance le soir au coucher, de sa main douce et parfumée. Il incombe à des milliards de femmes d'équilibrer leur joie pour l'offrir à leurs proches. Coupez le rire d'une femme dans une maison et c'est toute la maison qui pleure. Mais pourquoi pour la joie elle devait faire ça à mon père, j'ai eu l'impression qu'elle me cachait quelque chose.

Elle a fini par divorcer sans vraiment l'avoir voulu, juste parce qu'elle ne cachait pas bien sa liaison avec Yves, parce qu'elle ne parvenait pas à mentir. Papa le lui a longtemps reproché, il aurait préféré ne rien savoir, il appréciait les petits arrangements. L'annonce a sonné la fin de leur liaison, Yves n'a jamais vécu avec nous. Maman l'a désaimé le jour où elle l'a possédé en toute liberté.

Rapidement, maman a quitté Yves ; alors j'ai adoré Arno, Puis un autre. Tous ces hommes avec lesquels maman et moi avons vécu, je les ai accueillis avec joie. Tous ces hommes que maman a aimés, je les ai aimés.

Tous ces hommes que maman a quittés, je ne les ai jamais revus et...

Il m'arrive plus souvent de me rappelles de Rachel et de sa fameuse histoire que de fois suis forte et je me mets du courage pour ouvrir cette dont j'ignore exactement.

Ce n'était pas la première fois que j'allais dans ce bar, j'habitais ici depuis cinq ans et nous nous sommes découverts ce jour-là. Il me dira lui-même qu'il n'avait aucun souvenir de moi avant. Étais-je vulnérable ou offerte ? Étais-je libre ? La chimie opère de façon étrange entre les êtres. Elle s'intègre aux agendas des rêveries mutuelles. En cette chaude soirée de la fin août, nous vibrions de la même façon. Nous nous sommes reconnus l'un en l'autre au bon ou au mauvais moment. Je ne connaissais ni son nom ni son âge, et pour occuper mes nuits blanches je serrais au creux de mes paupières le souvenir flou d'un regard malicieux, chargé d'admiration. J'avais ainsi offert mon âme au diable. Je me dédiais désormais à la contemplation spirituelle d'un inconnu. Je suis retournée au bar. Dès qu'une occasion se présentait, je me retrouvais à sa terrasse. Il n'arrêtait pas de me regarder. Avant toute chose, avant tout transfert ou toute histoire d'obsession, il était la preuve que ma féminité n'était pas morte.Que je n'étais pas morte. Que je n'étais pas mère. Dans ses yeux, je n'avais pas sorti deux enfants de mon sexe, je n'avais pas de cernes, je n'avais pas de préoccupation dévorante. Ce qu'il voyait, c'était la jeune femme souriante éblouissant sa terrasse, son lieu de travail – lui-même. Ses amis lui chuchotaient des trucs à l'oreille, et il souriait, fier, comme s'il devinait que je lui appartenais déjà. Peut-être même leur disait-il : « Cette femme-là, un jour elle sera à moi. » Était-il beau, était-il drôle ? Je ne me posais aucune question. Un boulon avait sauté, j'avais perdu tout sens logique, il était devenu du jour au lendemain la raison de mon quotidien. Comme le déni fait partie de la maladie, je ne pensais ni aux conséquences, ni aux dangers. Je le trouvais agile, doué, charmant. Je ne voulais rien savoir de lui, je voulais qu'il me regarde encore et encore, qu'il me sauve, qu'il me fasse oublier ma vie ou qu'il m'offre la perspective d'une nouvelle. Son regard a été la porte d'entrée de ma fuite. La vie que j'avais construite était trop lourde, trop encombrante. Je ne voulais plus de jardin, plus de fractures, plus de devoirs à vérifier ni de repas à préparer. Je voulais redevenir étudiante, oublier de dormir et de me nourrir.

Je me suis refait une frange. Sous prétexte de renouer avec mes amies misses de côté lors de ma récente maternité, je suis allée boire du vin tout le mois de septembre. Il me le servait avec beaucoup de courtoisie, sans jamais me poser de question supplémentaire.

Voici mademoiselle, un Sandrine premier cru de chez M., on est plutôt sur une note calcaire, en arrière-bouche on sent légèrement le fruit, c'est un vin délicat, très féminin.Je n'avais rien écouté et il paraissait satisfait. Il s'envolait vers d'autres tables servir le même discours. Je repartais sur ma faim ; il avait déjà tout compris.

Un soir où nous étions installés à sa terrasse avec mon mari – parce qu'il aimait ce bar autant que moi, c'était le plus charmant de la ville et il tenait absolument à ce que nous y prenions l'apéritif:

– j'étais occupée à donner le biberon à mon bébé quand mon mari m'a annoncé solennellement,

Comme s'il m'offrait un cadeau :

— Il s'appelle Patrick , le barman.

J'ai sursauté.

— Ah oui ? Patrick ? Comment le sais-tu ?

— Son collègue l'a appelé tout à l'heure.

— Ah, d'accord.

— C'est un très bon serveur, a décrété mon mari. Il percute vite.

— Oui, très professionnel, me suis-je étranglée.

Patrick , Patrick.

Qu'allais-je bien pouvoir faire de ce prénom extraordinaire ? J'ai pensé à sa mère, je ne la connaissais même si je me dis dans la tête qu'il doit ressembler à sa mère comme si je la connaissais bien. J'ai eu la tête ailleur à la fois.

Quelques jours après, ma maladie me rendait de plus en plus malade et c'était difficile de me contenir au même cacher cet amour qui grandir au fond de moi comme les algues au fond du lac kivu. Je vis vraiment dans mon monde.

Voici la seconde soirée que je passe dans cette misérable chambre à regarder d'un œil morne mon foyer vide, écoutant stupidement les murmures et les roulements monotones de la rue, et me sentant, au milieu de cette grande ville, plus Seul pourtant marié et mère deux mes deux enfants, plus abandonné et plus voisin du désespoir que le naufragé qui grelotte en plein Océan sur sa planche brisée. – C'est assez de lâcheté ! Je veux regarder mon destin en face pour lui ôter son air de spectre : je veux aussi ouvrir mon cœur, où le chagrin déborde, au seul confident dont la pitié ne puisse m'offenser, à ce pâle et dernier ami qui me regarde dans ma glace.

– Je veux donc écrire mes pensées et ma vie de ma manière, non pas avec une exactitude quotidienne et puérile, mais sans omission sérieuse, et surtout sans mensonge. J'aimerai ce journal : il sera comme un écho fraternel qui trompera ma solitude, il me sera en même temps comme une seconde conscience, m'avertissant de ne laisser passer dans ma vie aucun trait que ma propre main ne puisse écrire avec fermeté.

Je cherche maintenant dans le passé avec une triste avidité tous les faits, tous les incidents qui dès longtemps auraient dû m'éclairer, si le respect filial, l'habitude et l'indifférence d'un oisif heureux n'avaient fermé mes yeux à toute lumière. Cette mélancolie constante et profonde de ma mère m'est expliquée ; je m'explique encore son dégoût du monde, et ce costume simple et uniforme, objet tantôt de railleries, tantôt du courroux de mon père : – Vous avez l'air d'une servante, lui disait-il.

Je ne pouvais me dissimuler que notre vie de famille ne fût quelquefois troublée par des querelles d'un caractère plus sérieux : mais je n'en étais jamais directement témoin. Les accents irrités et impérieux de mon père, les murmures d'une voix qui paraissait supplier, des sanglots étouffés, c'était tout ce que j'en pouvais entendre et aujourdhui je ne sais vralment pas si c est tout cela qui viennent prendre place dans ma vie sans parler de mon foyer.

J'attribuais ces orages à des tentatives violentes et infructueuses pour ramener ma mère au goût de la vie élégante et bruyante qu'elle avait aimée autant qu'une honnête femme peut l'aimer, mais au milieu de laquelle elle ne suivait plus mon père qu'avec une répugnance chaque jour plus obstinée. À la suite de ces crises, il était rare que mon père ne courût pas acheter quelques beau bijou que ma mère trouvait sous sa serviette en se mettant à table, et qu'elle ne portait jamais. Un jour, elle reçut de Kinshasa, au milieu de la saison seche, une grande caisse pleine de fleurs précieuses : elle remercia mon père avec effusion ; mais, dès qu'il fut sorti de sa chambre, je la vis hausser légèrement les épaules et lever vers le ciel un regard d'incurable désespoir. Je ne sais pas si je viens vivre dans vie au en réalité je viens vivre ma vie.

Pendant mon enfance et ma première jeunesse, j'avais eu pour mon père beaucoup de respect, mais assez peu d'affection. Dans le cours de cette période, en effet, je ne connaissais que le côté sombre de son caractère, le seul qui se révélât dans la vie intérieure, pour laquelle mon père n'était point fait. Plus tard, quand mon âge me permit de l'accompagner dans le monde, je fus surpris et ravi de découvrir en lui un homme que je n'avais pas même soupçonné. Il semblait qu'il se sentît, dans l'enceinte de notre vieux château de famille, sous le poids de quelque enchantement fatal : à peine hors des portes, je voyais son front s'éclaircir, sa poitrine se dilater ; il rajeunissait. – Allons ! Maxime, criait-il, un temps de galop ! – Et nous dévorions gaiement l'espace. Il avait alors des cris de joie juvénile, des enthousiasmes, des fantaisies d'esprit, des effusions de sentiment qui charmaient mon jeune cœur, et dont j'aurais voulu seulement pouvoir rapporter quelque chose à ma pauvre mère, oubliée dans son coin. Je commençai alors à aimer mon père, et ma tendresse pour lui s'accrut même d'une véritable admiration quand je pus le voir, dans toutes les solennités de la vie mondaine, chasses, courses, bals, dîners, développer les qualités sympathiques de sa brillante nature. Écuyer admirable, causeur éblouissant, beau joueur, cœur intrépide, main ouverte, je le regardais comme un type achevé de grâce virile et de noblesse chevaleresque. Il s'appelait lui-même, en souriant avec une sorte d'amertume, le dernier gentilhomme.

Tel était mon père dans le monde ; mais, aussitôt rentré du village de mon grand père en janvier 2010, nous n'avions plus sous les yeux, ma mère et moi, qu'un vieillard inquiet, morose et violent. Probablement ce sentiment est encore en moi que mon marie, le père de l'un de mes enfants je ne veux plus le voir même sans respiration me gene à mort. Patrick ce prenom me revient plus dans ma tête que mon propre nom.

Les emportements de mon père vis-à-vis d'une créature aussi douce, aussi délicate que l'était ma mère, m'auraient assurément révolté, s'ils n'avaient été suivis de ces vifs retours de tendresse et de ces redoublements d'attentions dont j'ai parlé. Justifié à mes yeux par ces témoignages de repentir, mon père ne me paraissait plus qu'un homme naturellement bon et sensible, mais jeté quelquefois hors de lui-même par une résistance opiniâtre et systématique à tous ses goûts et à toutes ses prédilections. Je croyais ma mère atteinte d'une affection nerveuse, d'une sorte de maladie noire. Mon père me le donnait à entendre, bien qu'observant toujours sur ce sujet une réserve que je jugeais trop légitime.

Les sentiments de ma mère à l'égard de mon père me semblaient d'une nature indéfinissable mais ce que je pouvais plus lire entre eux malgré leurs different ils s'aiment toujours et toujours.

Les regards que maman attachait sur Papa paraissaient s'enflammer quelquefois d'une étrange expression de sévérité ; mais ce n'était qu'un éclair, et l'instant d'après ses beaux yeux humides et son visage inaltéré ne lui témoignaient plus qu'un dévouement attendri et une soumission passionnée.

Ma mère avait été mariée trop jeune à quinze ans, et Elizabeth ma cousine touchait sa vingt-deuxième année, quand ma sœur, ma pauvre lucia, fait un tour monde et repartir pour dire il est mort juste Un peu après. Peu de temps après sa naissance, mon père, sortant un matin, le front soucieux, de la chambre où ma mère languissait, me fit signe de le suivre dans le jardin. Après deux ou trois tours faits en silence :

– Votre mère, Masika, me dit-il, devient de plus en plus bizarre !

– Elle est si souffrante, mon père !

– Oui, sans doute ; mais elle a une fantaisie bien singulière : elle désire que vous fassiez votre droit.

– Mon droit ! Comment ma mère veut-elle qu'à mon âge, avec ma naissance et dans ma situation, j'aille me traîner sur les bancs d'une école ? Ce serait ridicule !

– C'est mon opinion, dit sèchement mon père ; mais votre mère est malade, et tout est dit.

J'étais alors un fat, très enflé de mon nom, de ma jeune importance et de mes petits succès de salon ; mais j'avais le cœur sain, j'adorais ma mère, avec laquelle j'avais vécu pendant dix dans la plus étroite intimité qui puisse unir deux âmes en ce monde : je courus l'assurer de mon obéissance ; elle me remercia en inclinant le tête avec un triste sourire, et me fit embrasser ma sœur endormie sur ses genoux.

Ma mère se faisait rendre compte jour par jour du progrès de mes études avec un intérêt si persévérant, si passionné, que j'en vins à me demander s'il n'y avait pas au fond de cette préoccupation extraordinaire quelque chose de plus qu'une fantaisie maladive : si, par hasard, la répugnance et le dédain de mon père pour le côté positif et ennuyeux de la vie n'avaient pas introduit dans notre fortune quelque secret désordre que la connaissance du droit et l'habitude des affaires devraient, suivant les espérances de ma mère, permettre à son fils de réparer. Je ne pus cependant m'arrêter à cette pensée : je me souvenais, à la vérité, d'avoir entendu mon père se plaindre amèrement des désastres que notre fortune avait subis à l'époque révolutionnaire, mais dès longtemps ces plaintes avaient cessé, et en tout temps d'ailleurs je n'avais pu m'empêcher de les trouver assez injustes, notre situation de fortune me paraissant des plus satisfaisantes mais pas genante d'autant que mon père me rendait toujours Heureuse prêt de ma mère, et tout cet histoire je ne sais vraiment pas pourquoi suis revenu sur tout ça même si je tentais savoir ce qui peut prendre. Mon mari qui m'a aime et aime bien mes enfants pourquoi mon coeur m'oblige de le tranhir.

J'avais 22 ans, Quand Patrick le barman m'a rendu malade sans maladie dans le vrai sens. On a tout de suite sympathisé et il m'a débauchée. En se côtoyant quotidiennement, on a vu évoluer notre complicité en histoire d'amour. On était vraiment sur la même longueur d'ondes. Sauf que Il'était libre, pas moi. On a donc caché notre relation aux amis et autres – sans compter qu'il était mon voisin devenu ami de mon mari et à tous nos proches. Et on a vécu en amoureux clandestins : des baisers volés, des coups de fil secrets, des rendez-vous romantiques dans la ferme. Avec lui, j'ai connu tous les états émotionnels, des moments merveilleux mais aussi des abîmes de détresse. Tout le monde me croyait célibataire, et ce décalage me posait problème, de même que l'impossibilité d'un avenir avec lui.

On s'est séparés plusieurs fois, mais on se remettait toujours ensemble parce qu'on ne pouvait pas vivre l'un sans l'autre. Dans mon entourage, le peu de personnes au courant a tenté de me raisonner, en vain. Et un jour, au bout de deux ans, j'ai enfin quitté mon mari pour m'installer avec lui. Ma patience avait payé. Aujourd'hui, cette histoire appartient au passé. Mais j'en garde un très beau souvenir car, même s'il est généralement admis que le rôle de maîtresse est ingrat, cela reste une relation passionnelle et difficile pour laquelle je me suis battue et qui m'a fait grandir. Aujourdhui je vis nul part, j'ai perdu mon identité comme cette fameuse chauve souris qui n'est ni oiseau ni aminal, j'ai vu l'enfer en voulant tout avoir pour moi et j'ai fini par comprendre que j'avais ouvert une porte que je ne devais pas ouvrir.

**Du même auteur**

La poésie de Ferdiane - aux Editions muse 2022

Cette perte entre mes doigts -aux Editions muse 2022

Printed by Books on Demand GmbH, Norderstedt / Germany